Thich Nhat Hanh

Das Wunder der Achtsamkeit

arkana

THICH NHAT HANH

DAS WUNDER DER **ACHTSAMKEIT**

Einführung in die Meditation

Aus dem Englischen von Sylvia Wetzel

Mit einem Vorwort von Ulrich Scharpf
Mit Illustrationen von Judith Bossert

arkana

3. Auflage
Deutsche Ausgabe August 2024

Originalverlag: Beacon Press, Boston, Massachusetts, USA
Titel der Originalausgabe: *The Miracle of Mindfulness*

Lektorat: Ursula Richard, Ulrich Scharpf
Illustrationen: Judith Bossert
Umschlag: ki36 Editorial Design, Daniela Hofner, München
Umschlagmotiv: © Daniela Hofner
Gestaltung und Satz: Buch-Werkstatt GmbH, Bad Aibling
Druck und Bindung: GGP Media GmbH, Pößneck
Printed in Germany
ISBN 978-3-442-34328-7

www.arkana-verlag.de

Inhalt

Vorwort

Achtsamkeit ist ein Schlüsselwort der buddhistischen Lehre. Als solches ist es aber auch – wie alle Begriffe – ein Feld für Missverständnisse. Denn wie der Buddhismus insgesamt als primär asketische, weltfremde Religion verkannt werden kann, so könnte auch der Ausdruck Achtsamkeit als einschränkende Kontrolle, als rigide Hab-Acht-Disziplin missdeutet werden. »Achtsamkeit« ist die Übersetzung des Sanskrit-Wortes *smriti* (Pali: *sati)*, das ursprünglich vor allem »Gedächtnis« und »Erinnerung« bedeutete. Die erweiterte Bedeutung »Achtsamkeit« entspringt der Erfahrung, dass wir vor allem die Momente im Gedächtnis, in lebendiger Erinnerung behalten, in denen wir vollkommen lebendig sind, in denen sich Herz und Geist ganz öffnen für die Intensität des Augenblicks.

Achtsamkeit meint also nicht verkrampfte Selbstkontrolle, mit der wir eine Cola-Dose in höchster Konzentration auf unsere Bewegungen auf dem Waldboden abstellen und dort liegen lassen, ohne daran zu denken, was wir mit unserer Umwelt in diesem Moment machen. Sie ist auch nicht als kritisches Überwachen und Bewerten der Prozesse in Körper und Geist zu verstehen, die immer auf der Suche danach sind, was gut und was schlecht ist. Die Übung der Achtsamkeit, die der buddhistische Mönch und Meditationslehrer Thich Nhat Hanh in diesem Buch vorstellt, heißt mit liebevoller Akzeptanz alles willkommen, worauf sie sich richtet, von unseren körperlichen Vorzügen, spirituellen Fortschritten und altruistischen Idealen bis hin zu geistiger Trägheit, Wut und Haarausfall.

Thich Nhat Hanh vermag es in einfachen und doch tiefgründigen Worten, die Leichtigkeit und Frische dieser Übung aufzuzeigen sowie das ungeheure Potenzial, das in ihr steckt. Vielleicht liegen Sie gerade gemütlich auf Ihrem Sofa, während Sie diese Zeilen lesen, oder Sie stehen im Gedränge eines überfüllten Buchladens – wo immer Sie gerade sind: Wenn Sie kurz innehalten, Ihren Körper spüren, das Kommen und Gehen des Atems, Ihre Umgebung registrieren, … dann ändert dieser kleine Moment der Achtsamkeit nicht nur Sie, sondern auch die Welt, in der Sie sich befinden. Geist und Körper sind nicht mehr ganz so getrennt, Ihr Wahrnehmungsfeld weitet sich, die Umgebung wird vielleicht mehr zur Mitwelt. Ist das nicht schon ein kleines Wunder?

Wenn Thich Nhat Hanh vom »Wunder« der Achtsamkeit spricht, meint er zum einen dieses Wohlbehagen, das wir im Alltag auf so einfache Weise erfahren können. Und er meint noch mehr als das. Innehalten und spüren, was ist, schafft Raum für weitere Wunder. Wir finden selbst in der Hektik des Alltags zu uns und spüren unsere Bedürfnisse und unsere Intuition klarer. Achtsamkeit verschafft uns einen größeren Überblick über die Auswirkungen unserer Gedanken und Handlungen. Ungeahnte Zusammenhänge eröffnen sich da. Der freie Fluss des akzeptierenden Gewahrseins macht die Grenze zwischen dem Subjekt und Objekt der Wahrnehmung, zwischen

Ich und Umwelt durchlässiger. Diese Grenzziehung wurde im Buddhismus immer als künstlich betrachtet. Die Erkenntnis, dass es ein abgeschottetes, für sich existierendes Ich in Wirklichkeit nicht gibt, wird als Leerheit bezeichnet. Thich Nhat Hanh zeigt in einer Folge von zweiunddreißig meditativen Übungen, wie wir uns durch Achtsamkeit der lebendigen Erfahrung der Leerheit annähern und uns der Fülle des Seins in seiner wechselseitigen Vernetztheit öffnen können. Achtsamkeit wird so zur Basis für die tiefste meditative Verwirklichung.

Und das Schöne daran ist: Es ist für die Übung nicht notwendig, dass Sie Ihre Beine im Lotossitz verknoten oder an langen Retreats mit wenig Schlaf und zweifelhafter Ernährung teilnehmen. Beginnen Sie einfach *jetzt*, und erfreuen Sie sich an dem *Wunder der Achtsamkeit.*

Ulrich Scharpf

Vierundzwanzig brandneue Stunden

Heute Morgen wache ich auf und sehe den blauen Himmel.
Ich lege meine Hände zusammen im Dank
für die vielen Wunder des Lebens;
für die vierundzwanzig brandneuen Stunden,
die vor mir liegen.
Die Sonne geht auf,
und der Wald, getaucht in das Licht der Sonne,
wird zu meiner Achtsamkeit.
Ich laufe durch ein Feld von Sonnenblumen.
Zehntausende von Blumen wenden sich
dem strahlenden Osten zu.
Meine Achtsamkeit ist wie die Sonne.
Meine Hände säen Samenkörner für die nächste Ernte.
In meinen Ohren erschallt der Klang der steigenden Flut.

Aus allen Richtungen tauchen Wolken
am strahlenden Himmel auf
und begegnen sich voller Freude.
Ich sehe die duftenden Lotosteiche meiner Heimat,
erkenne die Kokospalmen entlang des Flusses.
Endlos, endlos erstrecken sich die Reisfelder,
sie lachen die Sonne und den Regen an.
Mutter Erde schenkt uns Koriander, Basilikum,
Sellerie und Minze.
Morgen werden die Hügel und Berge des Landes
wieder ergrünen.
Morgen werden die Knospen des Lebens aufplatzen.
Süß wie Kinderlieder
werden die Gedichte aus dem Volk sein.

Kapitel 1

Vom Alltags-bewusstsein zum Kern der Übung

Gestern bekamen wir Besuch: Allen schaute mit seinem Sohn Joey bei uns vorbei. Groß ist Joey geworden! Mit seinen sieben Jahren spricht er bereits fließend Französisch und Englisch – und etwas Slang von der Straße.

Der Unterschied zwischen dem Erziehungsstil hier im Westen und dem bei uns zuhause in Vietnam ist beträchtlich. »Ein Kind braucht Freiheit in seiner Entwicklung« – dies ist hier die vorherrschende Einstellung der Eltern. In den zwei Stunden, die ich mich mit Allen unterhielt, musste er Joey ständig im Auge behalten. Joey spielte und redete ununterbrochen, störte uns dauernd, so dass es kaum möglich war, ein normales Gespräch zu führen. Ich gab ihm ein paar Bilderbücher, aber er schaute sie nur flüchtig an und warf sie gleich wieder beiseite. Wieder unterbrach er unser Gespräch, forderte ständig unsere Aufmerksamkeit.

Später ging er dann nach draußen, um mit einem Nachbarkind zu spielen. Ich fragte Allen: »Ist es einfach, mit einer Familie zu leben?« Allen antwortete nicht direkt. Seit der Geburt von Ana vor einigen Wochen, sagte er, habe er kaum richtig schlafen können. Nachts weckt Sue ihn auf und bittet ihn – da sie selbst zu müde zum Aufstehen ist – nachzusehen, ob Ana noch atmet. »Ich stehe also auf, schaue nach der Kleinen, gehe wieder ins Bett und schlafe weiter. So geht das manchmal zwei- bis dreimal in einer Nacht.«

»Findest du das Leben als Familienvater einfacher als das eines Junggesellen?«, fragte ich ihn. Er schwieg. Aber ich verstand. So stellte ich ihm eine weitere Frage: »Viele Leute behaupten ja, dass man mit einer Familie weniger einsam ist und mehr Sicherheit genießt. Siehst du das auch so?« Allen nickte und murmelte etwas vor sich hin.

Schließlich sagte Allen: »Weißt du, ich glaube, ich habe eine Möglichkeit gefunden, wie ich jetzt viel mehr Zeit für mich haben kann. Früher habe ich meine Zeit ganz anders betrachtet: sie schien mir aus lauter verschiedenen Abschnitten zu bestehen. Einen Teil hatte ich für Joey reserviert, einen anderen für Sue, dann gab es den, wenn ich mich mit ihr gemeinsam um Ana kümmerte, und schließlich noch den Anteil für die Hausarbeit. Die Zeit, die dann noch übrig blieb, gehörte mir. Da konnte ich lesen, schreiben, meine Forschungsarbeit betreiben und spazieren gehen. Neuerdings versuche ich, mir meine Zeit überhaupt nicht mehr in einzelne Abschnitte einzuteilen. Die Zeit mit Joey und Sue betrachte ich jetzt genauso als meine eigene Zeit. Wenn ich Joey bei den Hausaufgaben helfe, schaue ich, wie ich auch diese Zeit genauso zu meiner eigenen machen kann. Ich gehe also mit ihm seine Hausaufgaben durch, bin ganz bewusst mit ihm zusammen und entwickle so auch wirkliches Interesse an unseren gemeinsamen Aktivitäten. Die Zeit, die ich scheinbar nur ihm widme, wird dadurch plötzlich zu meiner eigenen Zeit. Genauso mache ich es jetzt auch mit der Zeit, die ich mit Sue verbringe. Und das Verblüffende daran ist, dass ich auf einmal unbegrenzt Zeit für mich selbst habe!«

Allen lächelte, als er mir das erzählte. Ich war überrascht. Das hatte Allen nicht aus Büchern, sondern in seinem Alltag für sich allein herausgefunden.

Abwaschen, um abzuwaschen

Als junger Novize lebte ich vor einigen Jahrzehnten in der Tu-Hieu-Pagode. Das Abwaschen war damals eine wenig angenehme Aufgabe. In der Zeit der Exerzitien, wenn alle Mönche wieder im Kloster versammelt waren, mussten zwei Novizen für zeitweise mehr als hundert Mönche kochen und abwaschen. So etwas wie Spülmittel kannten wir nicht! Wir hatten nur Asche, Reisspelze und Schalen von Kokosnüssen. Das war alles. Eine schwere Aufgabe, so einen Riesenstapel von Schüsseln zu säubern, besonders im Winter, wenn das Wasser eiskalt war! Zunächst hieß es, einen großen Topf Wasser heiß zu machen, bevor wir mit dem Putzen und Schrubben anfangen konnten. Heute gibt es in den modernen Küchen flüssige Seife, spezielle Spülbürsten und selbstverständlich fließend heißes Wasser, was die Arbeit natürlich sehr viel angenehmer macht. Da fällt es nicht mehr schwer, mit Freude abzuwaschen. Ohne große Vorbereitungen kann man das Geschirr abwaschen und sich danach gemütlich hinsetzen, um in Ruhe eine Tasse Tee zu genießen. Nun halte ich die Anschaffung einer Waschmaschine für die Wäsche ja durchaus für sinnvoll (obwohl ich selbst meine Kleidung von Hand wasche), aber eine Geschirrspülmaschine finde ich dann doch übertrieben!

Wenn man abwäscht, sollte man *nur abwaschen*, das heißt, man sollte sich während des Abwaschens dessen ganz bewusst sein, dass man abwäscht. Das kommt einem auf den ersten Blick vielleicht etwas albern vor. Warum einer so banalen Sache wie Abwaschen derart viel Aufmerksamkeit widmen? Doch das ist der springende Punkt: Die Tatsache, dass ich hier stehe und diese Schalen abwasche, *ist* die wunderbare Wirklichkeit. Ich bin ganz ich selbst, folge meinem Atem und bin mir meiner Präsenz, meiner Gedanken und Handlungen völlig bewusst. Diese Bewusstheit verleiht mir eine innere Festigkeit und verhindert, dass mein Geist wie eine Flasche in den Wellen des Ozeans hin und her geworfen wird.

Die Tasse in der Hand

Als mein lieber Freund, Jim Forest, und ich uns vor acht Jahren zum ersten Mal begegneten, arbeitete er bei der Katholischen Friedensgesellschaft. Im letzten Winter kam mich Jim besuchen. Nun wasche ich gewöhnlich das Geschirr gleich nach dem Abendessen ab, bevor ich mich wieder den anderen widme und mit ihnen Tee trinke. An einem Abend fragte mich Jim, ob er dies nicht heute einmal übernehmen solle. Ich sagte: »Ja, mach nur, aber wenn du abwäschst, dann musst du auch wissen wie.« Jim entgegnete: »Na hör mal, meinst du, ich weiß nicht, wie man Geschirr spült?« Ich entgegnete ihm: »Weißt du, es gibt zwei Arten, Geschirr zu spülen: einmal so, dass man hinterher sauberes Geschirr hat, und die zweite Art besteht darin, abzuwaschen, um abzuwaschen.« Jim war erfreut und sagte: »Dann wähle ich die zweite Art – abwaschen, um abzuwaschen.« Von nun an wusste Jim, wie man den Abwasch macht, und gern übertrug ich ihm die Verantwortung dafür gleich für die ganze Woche.

Wenn wir beim Abwasch lediglich an die Tasse Tee denken, die uns erwartet, und wir uns deshalb beeilen, um es schnell hinter uns zu bringen, als wäre der Abwasch eigentlich etwas völlig Überflüssiges, dann waschen wir keineswegs ab, »um abzuwaschen«. Ja, wir leben dann eigentlich auch gar nicht, während wir abwaschen! Wir sind unfähig, das Wunder des Lebens zu begreifen, wenn wir mit dieser Einstellung am Spülbecken stehen. Wenn wir aber nicht einmal bewusst abspülen können, liegt es nahe, dass wir auch nicht in der Lage sind, wirklich unseren Tee zu trinken. Dann trinken wir zwar unseren Tee, denken aber pausenlos an andere Dinge und sind uns der Tasse in unserer Hand kaum bewusst. So verschlingt uns die Zukunft – und wir sind leider gänzlich unfähig, auch nur eine Minute lang unser Leben wahrhaftig zu leben.

Können wir wirklich eine Mandarine essen?

Viele Jahre ist es jetzt her, aber ich erinnere mich noch gut an die Zeit, als ich mit Jim zum ersten Mal in die Vereinigten Staaten reiste. Eines Tages saßen wir unter einem Baum und aßen Mandarinen. Jim fing an, über unsere Zukunftspläne zu sprechen. Wann immer wir Pläne machten oder irgendwelche Vorhaben entwickelten, die spannend und interessant waren, konnte sich Jim derart hineinvertiefen, dass er im wahrsten Sinne des Wortes vergaß, was er im Augenblick gerade tat. Er nahm ein Stück Mandarine in den Mund, und bevor er überhaupt begonnen hatte zu kauen, steckte er sich bereits das nächste Stück in den Mund. Er bekam überhaupt nicht mit, dass er eine Mandarine aß. Ich brauchte dann nur zu sagen: »Du solltest zuerst das Stück essen, das du im Mund hast«, und Jim merkte, was er tat.

Durch diese Angewohnheit war es aber im Grunde so, als hätte er überhaupt keine Mandarine gegessen, oder wenn er etwas aß, dann aß er allenfalls noch seine Zukunftspläne.

Eine Mandarine besteht aus einer Anzahl von Stücken. Gelingt es uns, auch nur ein Stück wirklich zu essen, so können wir vermutlich auch die ganze Mandarine essen. Essen wir aber dieses eine Stück nicht wirklich, können wir wohl auch die ganze Mandarine nicht essen. Jim verstand. Er ließ die Hand ruhen und richtete seine Aufmerksamkeit auf das Stück Mandarine, das er gerade im Mund hatte. Sorgfältig kaute er es, bevor er das nächste Stück in die Hand nahm.

Später kam Jim wegen seiner Antikriegs-Aktivitäten ins Gefängnis. Ich machte mir Sorgen, dass er es in der engen Gefängniszelle nicht aushalten würde, und schickte ihm einen kurzen Brief: »Denkst du noch manchmal an die Mandarine, die wir miteinander gegessen haben? Dein Aufenthalt im Gefängnis gleicht dieser Mandarine. Schluck es und sei eins damit. Morgen ist es vorbei.«

Der Kern der Übung

Bei meinem Eintritt ins Kloster gaben mir die Mönche ein kleines Büchlein. Es trug den Titel »Der Kern der Übung für den Alltagsgebrauch«. Verfasser war der buddhistische Mönch Doc The von der Bao-Son-Pagode. Die Mönche rieten mir, es auswendig zu lernen. Es war ein dünnes Büchlein von knapp vierzig Seiten. Doch enthielt es alle Gedanken, die Doc The benutzte, um seinen Geist bei der Arbeit wach zu halten. So war am Morgen sein erster Gedanke: »Gerade erwacht, wünsche ich mir, dass alle Menschen großes Gewahrsein erreichen und mit völliger Klarheit sehen.« Wusch er sich die Hände, hielt er mit folgendem Gedanken seine Achtsamkeit aufrecht: »Ich wasche mir die Hände und wünsche mir, dass alle reine

Hände haben mögen, um die Wirklichkeit zu empfangen.« Das gesamte Buch besteht aus solchen Sätzen. Sie sollten uns Anfängern helfen, bei der Übung unsere Achtsamkeit aufrechtzuerhalten. So half Zenmeister Doc The allen jungen Novizinnen und Novizen auf schlichte Art, das zu üben, was im *Sutra über die Vier Grundlagen der Achtsamkeit (Satipatthana Sutra)* oder im *Sutra des Bewussten Atmens (Anapanasati Sutra)* gelehrt wird. Jedes Mal, wenn wir die Roben anlegten, Geschirr abwuschen, auf die Toilette gingen, die Sitzmatte zusammenlegten, Eimer mit Wasser trugen oder uns die Zähne putzten, konnten wir mit einem Gedanken aus dem Büchlein unsere Achtsamkeit zu schulen üben.

Im *Sutra über die Vier Grundlagen der Achtsamkeit* heißt es: »*Wenn er geht, muss der Übende sich bewusst sein, dass er geht. Wenn er sitzt, muss der Übende sich bewusst sein, dass er sitzt. Wenn er sich hinlegt, ... Gleichgültig, in welcher Haltung sich der Körper befindet, muss sich der Übende dieser Haltung bewusst sein. Wenn er so übt, lebt der Übende in der unmittelbaren und fortwährend auf den Körper gerichteten Achtsamkeit.*« Die auf die Körperhaltung gerichtete Achtsamkeit reicht aber noch nicht aus. Wir müssen uns jedes Atemzugs bewusst sein, jeder Bewegung, jedes Gedankens und Gefühls, all dessen, was in irgendeiner Beziehung zu uns steht.

Was ist der Sinn solcher Anweisungen? Und wie finden wir die Zeit für diese Art der Achtsamkeitsübung? Wenn man den ganzen Tag mit Achtsamkeitsübungen verbringt, wie soll man dann noch genügend Zeit finden für gesellschaftliches Engagement, dafür, eine bessere Welt aufzubauen? Wie kann Allen arbeiten gehen, sich die Hausaufgaben von Joey ansehen, Anas Windeln in die Waschmaschine stopfen und gleichzeitig Achtsamkeit üben?

Gehmeditation

Nimm meine Hand.
Wir werden gehen.
Wir werden einfach nur gehen
und uns an unserem Spaziergang erfreuen,
ohne daran zu denken, irgendwo anzukommen.
Friedvoll gehen.
Glücklich gehen.
Unser Gang ist ein Friedensmarsch.
Unser Gang ist ein Gang der Glückseligkeit.
Dabei merken wir,
dass es gar keinen Friedensmarsch gibt,
dass Frieden Gehen ist,
dass es keinen Marsch der Glückseligkeit gibt,
dass Glückseligkeit das Gehen ist.
Wir gehen für uns selbst.
Wir gehen für alle,
stets Hand in Hand.

Gehen und den Frieden berühren in jedem Augenblick.
Gehen und die Glückseligkeit berühren
in jedem Augenblick.
Jeder Schritt bringt eine frische Brise.
Jeder Schritt lässt eine Blume erblühen
unter unseren Füßen.
Küss die Erde mit deinen Füßen.
Hinterlasse auf der Erde den Abdruck deiner Liebe
und Glückseligkeit.
Die Erde wird sicher sein,
wenn wir in uns genügend Sicherheit verspüren.

• • • • •

Kapitel 2

Das Wunder, auf der Erde zu gehen

Allen sagt, er habe, seit er die Zeit mit Joey und Sue als seine eigene Zeit ansieht, »unbegrenzt Zeit«. Das mag sein, stimmt vielleicht aber nur im Prinzip. Denn es gibt ohne Zweifel Umstände, in denen Allen vergisst, die Zeit mit Joey als seine eigene zu betrachten. Wenn er mit ihm über den Hausaufgaben sitzt, geht ihm diese Zeit vielleicht doch verloren – sei es, dass er hofft, die Zeit möge schnell vergehen, oder er wird ungeduldig, weil er glaubt, seine Zeit zu verschwenden, da diese Zeit doch nicht seine eigene ist. Wenn er wirklich »unbegrenzt Zeit« haben möchte, so muss er dieses Bewusstsein auf Dauer lebendig erhalten, dass, wenn er mit Joey lernt, dies wirklich »seine Zeit« ist. Es ist doch so, dass unser Geist ständig und unvermeidlich von Gedanken abgelenkt wird.

Wenn wir aber unsere Bewusstheit wirklich wach und lebendig erhalten möchten (von jetzt ab werde ich den Begriff »Achtsamkeit« verwenden, wenn gemeint ist, das Bewusstsein für die gegenwärtige Wirklichkeit wach zu halten), dann müssen wir dies auch im Alltag üben und nicht nur während der Meditation. Wenn Sie zum Beispiel gerade auf dem Weg zu einem bestimmten Ort sind, können Sie sich in Achtsamkeit üben. Wenn Sie etwa einen Feldweg entlanggehen, umgeben von grünen Wiesen, so können Sie, wenn Sie Achtsamkeit üben, den Weg ins Dorf wirklich erfahren. Sie üben, indem Sie diesen einen Gedanken lebendig erhalten: »Ich gehe auf dem Weg, der ins Dorf führt.« Ganz gleich, ob die Sonne scheint oder ob es regnet, ob der Weg trocken ist oder nass, Sie halten diesen einen Gedanken aufrecht. Wiederholen Sie ihn aber nicht bloß mechanisch! Mechanisches Denken ist nämlich das genaue Gegenteil von Achtsamkeit. Wenn wir also auf dem Weg ins Dorf (oder in eine Stadt, zu einem Ziel) wirklich Achtsamkeit üben, erleben wir jeden Schritt als unendliches Wunder. Freude erfüllt unser Herz und öffnet es gleich einer Blume. Wir treten ein in die Welt der Wirklichkeit.

Ich laufe gerne auf Landstraßen, die links und rechts gesäumt sind von Reispflanzen und wildem Gras. Beim Gehen setze ich jeden Fuß voller Achtsamkeit auf die Erde, im Wissen, dass ich auf einer wunderbaren Erde gehe. In solchen Augenblicken ist unser Dasein eine wunderbare und geheimnisvolle Wirklichkeit. Menschen neigen eher dazu, es als Wunder zu betrachten, wenn jemand auf dem Wasser wandeln oder durch die Luft fliegen kann. Das wirkliche Wunder besteht für mich aber nicht darin, auf Wasser zu wandeln oder durch die Luft zu fliegen, sondern auf der Erde zu gehen. Jeden Tag haben wir Teil an einem Wunder, das wir gar nicht als solches erkennen: ein blauer Himmel, weiße Wolken, grüne Blätter, die schwarzen neugierigen Augen eines Kindes – unsere eigenen Augen. Alles ist ein Wunder.

Sitzen

Der Zenmeister Doc The empfiehlt uns, in der Meditation aufrecht zu sitzen und folgenden Gedanken zu entwickeln: »Hier sitzen heißt am Bodhi-Ort sitzen.« Der Bodhi-Ort ist der Ort, an dem der Buddha Erleuchtung erlangte. Wenn wir nun alle Buddha werden können und wenn Buddhas all die unzähligen Wesen sind, die Erleuchtung erlangt haben, dann haben schon unvorstellbar viele an diesem Ort gesessen, an dem ich jetzt sitze. Am gleichen Ort zu sitzen wie der Buddha macht uns glücklich, und in Achtsamkeit zu sitzen bedeutet, eine oder ein Buddha zu sein. Dieselbe Erfahrung machte der Dichter Nguyen Cong Tru, als er sich niedersetzte und plötzlich erkannte, wie viele bereits vor unzähligen Jahren an genau demselben Ort gesessen haben und wie viele andere auch zukünftig dort sitzen werden.

An genau dem Ort sitze ich heute,
wo andere lange vor mir saßen
und wo in tausend Jahren noch andere sein werden.
Wer ist es, der singt, und wer, der lauscht?

Der Ort sowie die Zeit, die er dort verbrachte, schufen für ihn die Verbindung zur ewigen Wirklichkeit.

Als aktive, engagierte Menschen haben wir aber leider nur selten Muße, langsam auf Wegen mit grünem Gras zu gehen und unter Bäumen zu sitzen. Man muss jeden Tag genau planen, sich mit seinen Mitmenschen ins Benehmen setzen, Tausende von Schwierigkeiten bewältigen und hart arbeiten. Es gilt, mit schwierigen Umständen fertigzuwerden und in jedem Augenblick auf sein Tun zu achten, allzeit wach und bereit, mit diesen Umständen geschickt und intelligent umzugehen.

Wie also sollen wir da Achtsamkeit üben?

Meine Antwort darauf lautet: Richten Sie Ihre Aufmerksamkeit auf Ihre Arbeit, seien Sie wach und bereit, mit jeder Situation, die entsteht, geschickt und intelligent umzugehen – das ist Achtsamkeit. All unsere Aufmerksamkeit auf unsere Arbeit zu richten, dazu unsere Wachheit und die Bereitschaft, nach besten Kräften zu handeln, warum sollte das etwas anderes sein als Achtsamkeit? Wenn wir jemandem einen Rat geben, Probleme lösen, unsere Herausforderungen und Aufgaben anpacken, dann brauchen wir dazu ein ruhiges Gemüt und Selbstbeherrschung, soll unsere Mühe von Erfolg gekrönt sein. Das liegt auf der Hand. Fehlt es uns jedoch an Selbstkontrolle und lassen wir uns stattdessen von Ungeduld und Ärger leiten, hat unsere Arbeit wenig Wert.

Achtsamkeit ist das Wunder, mit dessen Hilfe wir uns selbst in der Hand haben und uns immer wieder neu »sortieren«, neu »einstellen« können. Stellen Sie sich etwa einen Zauberer vor, der seinen Körper in viele Stücke teilt und diese verstreut;

ein jedes in eine andere Richtung – die Hände in den Süden, die Arme in den Osten, die Beine in den Norden. Dann lässt er einen Schrei ertönen, und durch Zauberkraft werden alle Teile des Körpers wieder zusammenfügt. So wirkt Achtsamkeit! Sie ist das Wunder, das auf einen Schlag unseren zerstreuten Geist zurückrufen kann, ihn wieder ein Ganzes werden lässt, so dass wir jede kostbare Minute unseres Lebens wirklich leben können.

Bewusst atmen

Achtsamkeit ist in diesem Sinne Mittel und Ziel zugleich, ist Same und Frucht. Wenn wir Achtsamkeit üben, um Konzentration aufzubauen, dann ist Achtsamkeit der Same. Achtsamkeit bedeutet Leben, sie ist das Lebendige im Gewahrsein. Ist Achtsamkeit vorhanden, so ist da Leben. Somit ist Achtsamkeit auch die Frucht. Achtsamkeit erlöst uns von Unaufmerksamkeit und Zerstreuung. Sie hilft uns, jede Minute unseres Lebens ganz zu leben. Achtsamkeit erst schenkt uns Leben.

Nun ist es wichtig zu wissen, wie man mit dem Atem die Achtsamkeit aufrechterhält, ist doch der Atem ein natürliches und äußerst wirksames Werkzeug, mit dem wir unserer Zerstreutheit vorbeugen können. Der Atem ist die Brücke zwischen Leben und Bewusstsein. Er vereinigt Körper und Gedanken. Immer wenn Ihr Geist zerstreut ist, sammeln Sie ihn wieder mit dem Atem. Atmen Sie leicht und tief durch, seien

Sie sich bewusst, dass Sie tief atmen. Dann atmen Sie alle Luft aus den Lungen aus. Seien Sie sich die ganze Zeit über bewusst, dass Sie ausatmen. Das *Sutra des Bewussten Atmens* lehrt folgende Methode, sich des eigenen Atems bewusst zu werden: »*Sei immer achtsam, wenn du einatmest, und achtsam, wenn du ausatmest. Wenn du tief einatmest, dann wisse: ›Ich atme tief ein‹, und wenn du tief ausatmest, dann wisse: ›Ich atme tief aus.‹ Wenn du kurz einatmest, dann wisse: ›Ich atme kurz ein‹, und wenn du kurz ausatmest, dann wisse: ›Ich atme kurz aus.‹*«

In einem buddhistischen Kloster lernen alle dort Übenden, den Atem als Werkzeug zu nutzen, um der eigenen geistigen Zerstreutheit ein Ende zu bereiten und mehr Konzentrationsfähigkeit zu entwickeln. Diese Kraft entwickeln wir durch die Achtsamkeitsübung. Starke Konzentration kann uns helfen, das große Erwachen zu verwirklichen. Wenn ein Mensch sich etwa bei der Arbeit seines Atems bewusst wird, ist er schon erwacht. Wollen wir nun über eine lange Zeit unsere Achtsamkeit aufrechterhalten, so müssen wir damit fortfahren, auf unseren Atem zu achten.

Gerade ist es Herbst, und die goldenen Blätter, die eins ums andere zu Boden fallen, sind wirklich wunderschön. Ich gehe für zehn Minuten im Wald spazieren, achte dabei auf meinen Atem, bleibe die ganze Zeit über achtsam und fühle mich schließlich erquickt und wie neugeboren. Mit jedem einzelnen Blatt kann ich Zwiesprache halten. Natürlich fällt es relativ leicht, die Achtsamkeit zu bewahren, wenn man allein einen Weg entlanggeht. Haben wir noch jemanden an unserer Seite, eine Freundin, einen Freund, der gleichfalls schweigt und auf seinen Atem achtet, können wir problemlos unsere Achtsamkeit aufrechterhalten. Fängt unsere Begleiterin allerdings an zu reden, wird das Ganze etwas schwieriger.

Innerlich denken Sie in einer solchen Situation vermutlich: »Ach, wenn dieser Mensch bloß aufhören würde zu reden, damit ich mich konzentrieren kann«, und schon haben Sie Ihre Achtsamkeit verloren. Also denken Sie lieber: »Wenn sie reden möchte, werde ich ihr antworten, aber weiterhin achtsam sein; ich bin mir dessen bewusst, dass wir zusammen auf diesem Weg hier gehen und worüber wir gerade sprechen. So kann ich gleichzeitig auf meinen Atem achten.«

Wenn Sie Ihre Gedanken in diese Richtung lenken können, bleiben Sie bei Ihrer Achtsamkeit. Unter solchen Umständen zu üben ist natürlich schwieriger als allein; aber es liegt darin auch die Chance, mit der Übung fortzufahren und so eine weitaus größere Konzentration zu entwickeln. Es gibt ein vietnamesisches Volkslied, darin lautet eine Zeile: »Am schwersten ist die Übung zu Hause, dann in der Menge und dann in der Pagode.« Das Entwickeln und vor allem das Erhalten der Achtsamkeit werden erst in einer Situation voller Aktivität und Anstrengung zu einer echten Herausforderung.

Den Atem zählen und dem Atem folgen

Vor kurzem habe ich begonnen, Meditationssitzungen für Nicht-Vietnamesen anzubieten. In diesen Sitzungen stelle ich gewöhnlich verschiedene Methoden vor, die ich alle selbst ausprobiert habe. Es sind ganz einfache Methoden. Anfängern empfehle ich die Übung: »Der Länge des Atems folgen«. Er oder sie legt sich zunächst mit dem Rücken auf den Boden. Alle anderen Teilnehmer bitte ich, sich um die liegende Person herumzusetzen, damit ich sie auf ein paar einfache Punkte hinweisen kann.

Obgleich das Ein- und Ausatmen durch die Lungen geschieht und im Brustkorb stattfindet, spielt auch der Bauch eine Rolle. Der Bauch hebt sich, wenn sich die Lungen füllen. Zu Beginn eines Atemzuges hebt sich die Bauchdecke. Nach etwa zwei Dritteln der Einatmungsphase senkt sie sich wieder.

Warum ist das so? Zwischen Brustkorb und Bauch gibt es einen Muskel – das Zwerchfell. Wenn Sie richtig einatmen, füllt die einströmende Luft zuerst den unteren Teil der Lungen. Bevor die Luft in den oberen Teil der Lungen einströmt, übt das Zwerchfell nach unten hin Druck auf den Bauch aus und veranlasst so das Heben der Bauchdecke. Wenn Sie den oberen Teil der Lungen mit Luft gefüllt haben, weitet sich der Brustkorb und veranlasst das Senken der Bauchdecke.

Aufgrund dieser Beobachtung haben die Menschen früher davon gesprochen, dass der Atem am Nabel beginnt und bei den Nasenöffnungen endet.

Für Anfänger ist es hilfreich, sich für die Atemübung hinzulegen. Das Wichtigste dabei ist, Anstrengung zu vermeiden. Wenn wir uns zu sehr anstrengen, können die Lungen Schaden nehmen, besonders, wenn sie durch jahrelanges falsches Atmen geschwächt sind. Am Anfang sollte der oder die Übende auf einer flachen Matte oder Decke auf dem Rücken liegen, die Arme locker an den Seiten. Legen Sie den Kopf möglichst nicht auf ein Kissen. Richten Sie nun Ihre Aufmerksamkeit auf das Ausatmen und achten Sie darauf, wie lange es dauert. Stellen Sie seine Dauer durch langsames Zählen fest: eins, zwei, drei … Nach einigen Atemzügen kennen Sie die »Länge« Ihres Atems, vielleicht fünf. Versuchen Sie jetzt, das Ausatmen um eine Einheit oder zwei zu verlängern, so dass es sechs oder sieben Einheiten dauert. Zählen Sie beim Ausatmen von eins bis fünf. Wenn Sie bei fünf angekommen sind, versuchen Sie, das Ausatmen bis sechs oder sieben auszudehnen, statt wie zuvor schon bei fünf aufzuhören. Auf diese Art entleeren Sie die Lungen noch mehr. Wenn Sie das Ausatmen beendet haben, halten Sie für einen Augenblick inne und lassen Sie Ihre Lungen von allein Luft schöpfen. Lassen Sie zu, dass so viel Luft eingeatmet wird wie nötig, ohne dass Sie sich anstrengen. Normalerweise ist das Einatmen kürzer als das Ausatmen. Bleiben Sie beim Zählen, um die Länge von beiden Phasen zu messen. Sie können nun einige Wochen auf diese Weise üben und dabei lernen, die Achtsamkeit für das Ein- und Ausatmen im Liegen aufrechtzuerhalten (wenn Sie einen laut tickenden Wecker besitzen, so können Sie auch ihn zu Hilfe nehmen, um die Länge der Aus- und Einatmungsphase zu verfolgen).

Fahren Sie damit fort, Ihren Atem zu messen – im Liegen, Gehen, Sitzen und Stehen, wo immer Sie sich befinden. Wenn Sie gehen, können Sie Ihre Schritte als Maß für den Atem nehmen. Nach etwa einem Monat wird sich der Unterschied zwischen Ein- und Ausatmen verringern, bis beide Phasen gleich lang sind. Wenn Sie also beim Ausatmen bis sechs zählen, dann wird irgendwann auch das Einatmen sechs Einheiten dauern.

Sollten Sie bei der Übung müde werden, hören Sie bitte sofort damit auf. Aber selbst wenn es Sie nicht ermüdet, dehnen Sie die Übung des langen, gleichmäßigen Atmens nicht zu sehr aus; eine kurze Zeitspanne, zehn bis zwanzig Atemzüge sind genug. Wenn Sie Müdigkeit verspüren, kehren Sie zum normalen Atem zurück. Müdigkeit ist ein hervorragender Körpermechanismus und der beste Ratgeber dafür, ob man weitermachen oder sich ausruhen sollte. Um Ihren Atem zu messen, können Sie zählen oder zum Beispiel auch einen rhythmischen Satz nehmen, den Sie mögen. Sagen wir, die Länge Ihres Atems ist sechs, so könnten Sie statt der Zahl sechs die folgenden sechs Worte nehmen: »Mein Herz ruht jetzt in Frieden.« Beträgt die Atemlänge sieben Einheiten, so könnten Sie den Satz nehmen: »Ich gehe auf dem frischen grünen Gras.« Eine Buddhistin kann sagen: »Ich nehme Zuflucht zu Buddha.« Ein Christ kann sagen: »Vater unser (der du bist) im Himmel.« Beim Gehen sollte jedem Schritt ein Wort entsprechen.

Stilles Atmen

Ihr Atem sollte leicht, gleichmäßig und fließend sein wie ein dünner Wasserlauf im Sand, dabei zugleich so ruhig und leise, dass die Person neben Ihnen nichts hört. Der Atem sollte anmutig dahinfließen wie ein Fluss oder so, wie eine Wasserschlange durchs Wasser gleitet. Machen Sie daraus keinen Pferdegalopp! Unseren Atem unter Kontrolle halten heißt Körper und Geist beherrschen. Jedes Mal, wenn wir merken, dass wir zerstreut sind und es uns schwerfällt, uns wieder zu sammeln, sollten wir auf die Methode der Atembetrachtung zurückgreifen.

Wenn Sie sich zum Meditieren hinsetzen, fangen Sie bitte mit der Betrachtung des Atems an. Atmen Sie zunächst normal. Lassen Sie den Atem langsam zur Ruhe kommen, bis er still und gleichmäßig ist und die Atemzüge verhältnismäßig lang sind. Seien Sie sich all dessen bewusst, was in Ihnen geschieht – vom Augenblick des Hinsetzens an bis zu dem Augenblick, da der Atem tief und still geworden ist.

Im *Sutra über die Vier Grundlagen der Achtsamkeit* und im *Sutra des Bewussten Atmens* heißt es: »*Wenn du tief einatmest, dann wisse: ›Ich atme tief ein‹, und wenn du tief ausatmest, dann wisse: ›Ich atme tief aus.‹ Wenn du kurz einatmest, dann wisse: ›Ich atme kurz ein‹, und wenn du kurz ausatmest, dann wisse: ›Ich atme kurz aus.‹*«

Üben Sie wie folgt weiter:

»Ich atme ein und nehme meinen ganzen Körper bewusst wahr.« – »Ich atme aus und nehme meinen ganzen Körper bewusst wahr.«

»Ich atme ein und lasse meinen Körper ruhig und friedvoll werden.« – »Ich atme aus und lasse meinen Körper ruhig und friedvoll werden.«

Nach zehn bis zwanzig Minuten kommen Ihre Gedanken zur Ruhe, Sie sind still wie ein Teich, auf dem sich keine einzige Welle kräuselt.

Den Atem zählen

Die Methode, den Atem ruhig und gleichmäßig werden zu lassen, heißt »Dem Atem folgen«. Wenn Ihnen das anfangs schwerfällt, können Sie stattdessen die Methode »Die Atemzüge zählen« anwenden. Beim Einatmen zählen Sie im Geist »eins« und wenn Sie ausatmen, abermals »eins«. Einatmen »zwei«, ausatmen »zwei«. Zählen Sie bis zehn, und beginnen Sie dann wieder von vorn. Das Zählen gleicht einer Leine, mit der wir die Achtsamkeit an den Atem binden. Diese Übung bildet den Ausgangspunkt für den Prozess, sich des Atems ständig bewusst zu werden. Ohne Achtsamkeit werden Sie das Zählen jedoch schnell vergessen. Sollte dies geschehen, so kehren Sie einfach wieder zur Eins zurück. Probieren Sie es immer wieder, bis Sie das Zählen korrekt einhalten können. Wenn Sie Ihre Achtsamkeit wirklich auf das Zählen ausrichten können, haben Sie den Punkt erreicht, an dem es nicht mehr nötig ist zu zählen. Jetzt können Sie damit beginnen, sich nur auf den Atem zu konzentrieren.

Wenn Sie einmal zu aufgeregt und zerstreut sind und es Ihnen schwerfällt, sich in Achtsamkeit zu üben, kehren Sie einfach zum Atem zurück: Sich des Atems bewusst zu werden, *ist* bereits Achtsamkeit. Der Atem ist das Wundermittel, mit dem wir unser Bewusstsein bündeln können. Unsere religiöse Gemeinschaft hat folgende Empfehlung in ihren Statuten[1]: »Wir wollen versuchen, uns nicht in Zerstreuungen, im Bedauern über die Vergangenheit oder in Sorgen über die Zukunft zu verlieren … Wir wollen achtsames Atmen üben, um zu dem zurückzukehren, was im gegenwärtigen Augenblick geschieht.«

Jede Handlung ist ein Ritual

Unser Atem ist überaus hilfreich. Wenn wir ihn zu nutzen wissen, kann er zu einem wunderbaren Werkzeug werden, mit dem wir Situationen meistern, die uns sonst hoffnungslos erscheinen. Unser Atem ist die Brücke zwischen Körper und Geist, ein Element, das Körper und Geist miteinander versöhnt und ihr Einssein ermöglicht. Der Atem ist sowohl auf

1 *Thich Nhat Hanh: Vierzehn Tore der Achtsamkeit zu einem spirituellen Engagement in der Welt, Berlin, Theseus Verlag, 1998*

den Körper als auch den Geist ausgerichtet. Er allein ist das Werkzeug, das beide zusammenbringen und uns Frieden und Ruhe schenken kann.

In den Aussagen vieler Menschen wie auch in Büchern ist immer wieder die Rede vom immensen Nutzen des richtigen Atmens. Ein Mensch, so heißt es, der richtig zu atmen versteht, ist in der Lage, unbegrenzte Lebenskraft anzusammeln. Der Atem baut die Lungen auf, er stärkt das Blut und belebt jedes Organ im Körper. Es heißt, richtiges Atmen sei noch wichtiger als das Essen. Alle diese Aussagen treffen meines Erachtens zu.

Vor Jahren war ich einmal sehr krank. Lange Zeit nahm ich Medikamente ein und unterzog mich einer medizinischen Behandlung, ohne dass sich jedoch mein Zustand besserte. Schließlich wandte ich mich dem Atem zu und war dank dieser Methode bald in der Lage, mich selbst zu heilen.

Atem ist ein Werkzeug. Atem ist Achtsamkeit. Der Gebrauch des Atems als Werkzeug kann uns großen Nutzen bringen. Dies ist aber keineswegs Selbstzweck. Es ist lediglich ein Nebenprodukt bei der Verwirklichung von Achtsamkeit.

In meinem kleinen Meditationskurs für Nicht-Vietnamesen sind viele junge Leute. Ich habe sie angeleitet, täglich eine Stunde zu meditieren, aber das ist beileibe nicht genug. Sie sollten Meditation üben bei allem, was Sie tun: beim Gehen, Stehen, Liegen, Sitzen und Arbeiten, beim Abspülen, Fegen, Händewaschen und Teetrinken, im Gespräch mit lieben Menschen. Wenn Sie abwaschen, denken Sie vielleicht an den Tee danach und versuchen deshalb, es so schnell wie möglich hinter sich zu bringen, damit Sie sich bald hinsetzen und Tee trinken können. Das bedeutet aber, dass Sie in der Zeit, in der Sie abwaschen, nicht wirklich leben. Wenn Sie abwaschen, muss der Abwasch das Wichtigste in Ihrem Leben sein. Und wenn Sie Tee trinken, muss das Teetrinken das Wichtigste auf der Welt für Sie sein. So ist es mit allem. Holzhacken ist Meditation. Wasserholen ist Meditation. Seien Sie 24 Stunden am Tag achtsam, nicht nur in der einen Stunde, die Sie für die formale Meditation oder das Lesen von Schriften oder die Rezitation vorgesehen haben. Jede Ihrer Handlungen sollten Sie mit Achtsamkeit ausführen. Jede Tätigkeit, jede Handlung ist ein Ritual, ist eine Zeremonie. Wenn Sie eine Tasse zum Mund führen, ist das ein Ritual. Klingt Ihnen das Wort »Ritual« zu feierlich? Ich benutze es, um deutlich zu machen, dass Gewahrsein, Bewusstheit, dass Achtsamkeit eine Sache von Leben und Tod ist.

Kuckuckstelefon

Die Kuckucke halten ihre Verabredung ein.
Die Hügellandschaft tankt Wärme auf.
Laut erklingt das Telefon von Hügel zu Hügel.
Der sanfte Frühlingsregen dringt ein
in den Erdboden meiner Seele.
Ein Samen, der lange Zeit tief in der Erde lag,
lächelt einfach nur.
Du kamst gerade zu Besuch.
Deine Reisetasche ist zur Hälfte mit Mondlicht gefüllt.
Das Spinatblatt ruft nach dem Basilikum-Samen.
Jetzt ist da mehr Grün als Rot.
Üppig zeigt sich die Vegetation.
Die Glocke ruft.
Unsere Füße küssen die Erde.
Unsere Augen umarmen den Himmel.
Wir gehen voller Achtsamkeit.
Zehntausend Leben kann man in einem Augenblick
erkennen.
Es ist noch immer Frühling,
wenn alles sich so schnell manifestiert.
Der Schnee sieht jetzt grün aus.
Und Sonnenschein fällt wie Schnee.

Kapitel 3

Gönnen Sie sich einen Tag der Achtsamkeit

Jeden Tag und jede Stunde sollten wir Achtsamkeit üben. Das lässt sich leicht sagen, es aber praktisch umzusetzen, ist nicht einfach. Aus diesem Grund rate ich allen, die zu meinen Meditationssitzungen kommen, einen Tag in der Woche der Achtsamkeitspraxis zu widmen. Im Prinzip sollte natürlich jeder Tag Ihr Tag und jede Stunde Ihre Stunde sein. Doch nur sehr wenige von uns sind bereits an diesen Punkt gelangt. Zumeist haben wir doch den Eindruck, dass uns Familie, Arbeit und Gesellschaft die Zeit stehlen. Ich bitte Sie daher inständig, sich einen Tag in der Woche Zeit für die Praxis zu nehmen, vielleicht den Samstag.

Zeit für Achtsamkeit

Wenn es also der Samstag ist, dann muss das völlig Ihr Tag sein. Ein Tag, an dem nur Sie Regie führen. Dann wird der Samstag zum Ausgangspunkt auf dem Weg, Achtsamkeit zu einer Gewohnheit werden zu lassen. Jeder Mensch, der zum Beispiel in einer Friedens- oder Hilfsorganisation mitarbeitet, hat ein Recht auf einen solchen Tag, ganz gleich, wie wichtig seine Arbeit, sein Einsatz ist. Denn ohne einen solchen Tag verlieren wir uns ganz schnell in diesem Leben voller Sorgen und Aktivitäten, und unsere Handlungen zeitigen immer weniger Wirkung, unsere Arbeit verliert an Effektivität. Welchen Tag Sie auch wählen, betrachten Sie ihn als Ihren Tag der Achtsamkeit.

Schon beim Aufwachen sollten Sie sich daran erinnern, dass heute Ihr Tag der Achtsamkeit ist. Sie können sich als Erinnerungsstütze etwas an die Decke oder an die Wand hängen, etwa ein Stück Papier mit dem Wort »Achtsamkeit« oder einen Kiefernzweig – irgendetwas, das Sie bereits, wenn Sie die Augen öffnen, darauf hinweist, dass heute Ihr Tag der Achtsamkeit ist. Heute ist Ihr Tag. Wenn Sie daran denken, reagieren Sie womöglich mit einem kleinen Lächeln, einem Lächeln, das Ihre Achtsamkeit bestätigt, das diese völlige Achtsamkeit in Ihnen nährt.

Noch im Liegen beginnen Sie damit, Ihrem Atem zu folgen. Machen Sie lange und bewusste Atemzüge. Dann stehen Sie langsam auf (statt wie üblich mit einem Satz aus dem Bett zu springen …), stärken Sie Ihre Achtsamkeit mit jeder Bewegung. Wenn Sie aufgestanden sind, putzen Sie sich die Zähne, waschen Sie sich das Gesicht und führen Sie alle morgendlichen Handlungen ruhig und entspannt aus. Verbringen Sie jeden Augenblick in Achtsamkeit. Folgen Sie Ihrem Atem. Seien Sie sich Ihres Atems bewusst und lassen Sie Ihre Gedanken nicht umherirren. Jede Bewegung sollte in Ruhe geschehen.

Messen Sie Ihre Schritte mit ruhigen, langen Atemzügen. Behalten Sie Ihr Halblächeln bei.

Nehmen Sie sich mindestens eine halbe Stunde Zeit für ein Bad. Baden Sie langsam und achtsam, so dass Sie sich hinterher leicht und frisch fühlen. Danach können Sie die Hausarbeit erledigen: abwaschen, Staub wischen, Tische reinigen, den Küchenfußboden schrubben oder Bücher sortieren. Was auch immer Sie tun, tun Sie es langsam, entspannt und voller Achtsamkeit. Erledigen Sie bitte keine Arbeit mit dem Gefühl, sie nur schnell hinter sich bringen zu wollen. Entschließen Sie sich dazu, jede Arbeit entspannt zu machen, mit all Ihrer Aufmerksamkeit. Freuen Sie sich daran und seien Sie eins mit der Arbeit. Ohne das hat der Tag der Achtsamkeit keinen Wert.

Das Gefühl, dass irgendeine Arbeit eine Last ist, verschwindet sehr schnell, wenn Sie sie achtsam tun. Nehmen Sie sich die Zenmeister zum Vorbild! Welche Arbeit oder Bewegung diese auch ausführen, sie tun es langsam, gleichmäßig und ohne Widerwillen.

Achtsam sprechen

Für diejenigen, die mit der Praxis erst beginnen, ist es am besten, diesen Tag im Geist des Schweigens zu verbringen. Das heißt nicht, dass Sie am Tag der Achtsamkeit überhaupt nicht sprechen sollten. Sie können reden, ja sogar singen. Wenn Sie aber sprechen oder singen, so tun Sie es in völliger Achtsamkeit dafür, was Sie sagen oder singen. Und beschränken Sie das Reden und Singen auf ein Minimum. Natürlich ist es möglich, zu singen und gleichzeitig achtsam zu sein, solange man sich der Tatsache bewusst ist, dass man singt und was man singt. Doch solange die Kraft der eigenen Meditation noch schwach ist, wenn man singt oder redet, kommt man leicht von der Achtsamkeit ab.

Bereiten Sie sich das Mittagessen heute allein zu. Kochen Sie sich Ihr Essen und spülen Sie das Geschirr voller Achtsamkeit. Machen Sie für sich eine Kanne Tee – einmal am Morgen, nachdem Sie das Haus geputzt und in Ordnung gebracht haben, und dann wieder am Nachmittag, wenn Sie im Garten gearbeitet, die Wolken beobachtet oder Blumen gepflückt haben. Trinken Sie Ihren Tee in Achtsamkeit und nehmen Sie sich Zeit dafür. Bitte trinken Sie Ihren Tee nicht wie jemand, der in der Arbeitspause eine Tasse Kaffee hinunterstürzt! Trinken Sie vielmehr Ihren Tee langsam und voller Achtung, als wäre dies die Achse, um die sich die Erde dreht – langsam, gleichmäßig und ohne einer Zukunft entgegenzueilen. Leben Sie den konkreten Augenblick!

Nur dieser konkrete Augenblick ist Ihr Leben. Kleben Sie nicht an der Zukunft. Machen Sie sich keine Sorgen über das, was Sie noch alles zu tun haben. Verschwenden Sie keinen Gedanken daran, aufzustehen oder loszugehen, um irgendetwas zu erledigen. Denken Sie nicht daran »fortzugehen«.

Sei eine Knospe, die still in einer Hecke ruht.
Sei ein Lächeln, Teil einer Wunderwelt.
Bleib hier. Du brauchst nicht fortzugehen.
Diese Heimat ist so schön
wie die Heimat unserer Kindheit.
Füg ihr bitte keinen Schaden zu und sing weiter …

Am Abend können Sie inspirierende Bücher lesen, Teile daraus abschreiben, Briefe an liebe Menschen schreiben oder irgendetwas tun, das nicht zu Ihren üblichen Alltagspflichten gehört. Was immer Sie tun, tun Sie es mit Achtsamkeit. Essen Sie nur wenig zu Abend. Es fällt Ihnen leichter zu meditieren, wenn der Magen leer ist. Hinterher können Sie eventuell noch einen gemächlichen Spaziergang in der frischen Abendluft machen. Folgen Sie dabei achtsam Ihrem Atem und messen Sie die Länge der Atemzüge mit Ihren Schritten. Kehren Sie danach ins Haus oder in Ihre Wohnung zurück, gehen Sie in Ihr Schlafzimmer und begeben Sie sich voller Achtsamkeit zur Ruhe.

Es müsste doch möglich sein, dass sich jeder arbeitende Mensch einen Tag der Achtsamkeit gönnen kann. So ein Tag ist äußerst wichtig, denn seine Auswirkung auf die anderen Tage der Woche ist ganz erheblich. Ein solcher Tag der Achtsamkeit hat vor vielen Jahren schon Chu Van und unseren anderen Schwestern und Brüdern im Tiêp-Hiên-Orden über schwierige Zeiten hinweggeholfen. Wenn Sie auch nur drei Monate lang einen Tag in der Woche der Achtsamkeit widmen, werden Sie bereits eine bedeutende Veränderung in Ihrem Leben wahrnehmen – dessen bin ich mir sicher. Dieser Tag der Achtsamkeit färbt ab auf die übrigen Tage der Woche und macht es Ihnen schließlich möglich, sieben Tage der Woche in Achtsamkeit zu leben. Ich denke, Sie sehen das genauso wie ich: dass so ein Tag der Achtsamkeit in der Woche eine äußerst wichtige Sache ist.

Der Fluss am Nachmittag und die Seele der Erde

Bäume entlang des Flusses,
Uferstraßen,
blauer Himmel,
blaue Blätter,
ein Tempel mit hohem Dach.
Die Seele des Turms
schläft
an diesem stillen
Sonntagnachmittag.
Aus der Ferne
höre ich
schwach
die Seele der Erde –
ganz allein,
während das Sternenfest
in vollem Gange ist.

Kapitel 4

Wie ein Kieselstein

Warum sollen wir meditieren? Der erste Grund ist, dass wir alle die Erfahrung völliger Ruhe und Erholung brauchen. Auch der nächtliche Schlaf schenkt uns meist keine völlige Ruhe. Wir drehen und wälzen uns, die Gesichtsmuskeln sind angespannt, und ständig träumen wir – das kann man kaum Ruhe nennen. Genauso wenig ist es wirkliche Ruhe, wenn wir uns am Tage hinlegen, uns dabei aber immer noch unruhig fühlen und von einer Seite auf die andere wälzen. Mit ausgestreckten, lockeren Armen und Beinen auf dem Rücken liegen, kein Kissen unter dem Kopf – das ist eine gute Stellung für die Atemübung und das Entspannen aller Muskeln. Allerdings schläft man so auch leicht ein. Deshalb kommen wir mit der Meditation im Liegen auch nicht so weit wie mit der Sitzmeditation. Im Sitzen hingegen können wir völlige Ruhe finden, unsere Meditation vertiefen und alle Sorgen und Schwierigkeiten auflösen, die unser Bewusstsein in Aufregung versetzen und blockieren.

Viele unserer Mitarbeiterinnen und Mitarbeiter in Vietnam sind in der Lage, in der Lotoshaltung zu sitzen, den linken Fuß auf dem rechten Oberschenkel und den rechten Fuß auf dem linken. Andere können im halben Lotos sitzen, den linken Fuß auf dem rechten oder den rechten Fuß auf dem linken Oberschenkel. In unserem Meditationskreis in Paris gibt es allerdings auch Menschen, die sich in keiner der beiden beschriebenen Haltungen wohlfühlen, und deshalb habe ich ihnen gezeigt, wie man auf die japanische Art sitzt – man kniet und ruht auf den Beinen. Wenn man sich ein Kissen unter die Füße legt, kann man im Allgemeinen über eine halbe Stunde so sitzen. Es ist für die meisten Menschen aber nicht schwer zu lernen, im Halblotos zu sitzen, auch wenn es am Anfang etwas schmerzt. Nach einigen Wochen der Übung finden viele diese Haltung dann durchaus bequem. In der Anfangszeit können Sie, wenn die Schmerzen zu unangenehm sind, ab und zu die Beinstellung ändern oder eine andere Stellung einnehmen. Bei der Position im Lotos oder im Halblotos empfiehlt es sich, auf einem Meditationskissen zu sitzen, damit beide Knie den Boden berühren. Wenn Sie so an drei Punkten Ihres Körpers (beide Knie und Gesäß) den Boden berühren, wird Ihre Haltung sehr stabil. Halten Sie den Rücken aufrecht. Das ist sehr wichtig. Nacken und Kopf sollten in einer Linie mit der Wirbelsäule verlaufen. Diese Linie sollte gerade sein, aber nicht so, dass Sie sich steif fühlen wie ein Stück Holz. Richten Sie den Blick ein, zwei Meter vor sich auf den Boden. Wenn es Ihnen möglich ist, bewahren Sie Ihr Halblächeln.

Anleitung zum Meditieren

Beginnen Sie jetzt damit, Ihre Atemzüge zu zählen und alle Muskeln zu entspannen. Konzentrieren Sie sich darauf, die Wirbelsäule aufrecht zu halten und dem Atem zu folgen. Lassen Sie alles andere los. Alles! Versuchen Sie, Ihre sorgenvoll angespannten Muskeln im Gesicht mit einem Halblächeln zu lockern. Automatisch beginnen sich dann alle Gesichtsmuskeln zu entspannen. Je länger Sie das Halblächeln bewahren, desto besser. Es ist das gleiche Lächeln, das wir auf dem Gesicht des Buddha erkennen können.

Nun legen Sie Ihre linke Hand mit der Innenfläche nach oben in Ihre rechte. Entspannen Sie alle Muskeln in den Händen, Füßen, Armen und Beinen. Lassen Sie alles los. Seien Sie wie eine Wasserpflanze, die sich im Rhythmus der Strömung bewegt, während unter der Wasseroberfläche bewegungslos das Flussbett liegt. Halten Sie an nichts fest außer am Atem und an Ihrem Halblächeln.

Für Anfänger empfiehlt es sich, nicht länger als zwanzig bis dreißig Minuten zu sitzen. In dieser Zeit können Sie durchaus zu vollkommener Ruhe gelangen. Die Methode, mit der wir zu dieser Ruhe kommen, beruht auf zwei Dingen: dem Beobachten des Atems und dem Loslassen. Achten Sie also auf den Atem und lassen Sie alles andere los. Entspannen Sie jeden Muskel im Körper. Nach etwa fünfzehn Minuten können Sie tiefe Ruhe finden, voll innerer Freude und innerem Frieden. Bewahren Sie diese Ruhe und diesen Frieden.

Es gibt Menschen, die Meditieren als Anstrengung betrachten. Sie hoffen, dass die Zeit schnell vorübergeht, damit sie sich hinterher ausruhen können. Sie haben noch nicht gelernt, wie man richtig sitzt. Mit einer korrekten Sitzweise können Sie schon in der Haltung selbst völlige Entspannung und vollkommenen Frieden finden. Vielleicht ist es dabei unterstützend für Sie, über das Bild eines Kieselsteins zu meditieren, der in ein Flussbett geworfen wird.

Wie kann uns das Bild von einem Kieselstein helfen? Setzen Sie sich in der Haltung hin, die Ihnen am angenehmsten ist, also im halben oder ganzen Lotossitz, mit gerade aufgerichtetem Rücken und einem Halblächeln im Gesicht. Atmen Sie langsam und tief, folgen Sie jedem Atemzug, werden Sie eins mit dem Atem. Dann lassen Sie alles los. Stellen Sie sich vor, Sie wären ein Kieselstein, der in einen Fluss geworfen wird. Ohne eigene Anstrengung sinkt der Kiesel im Wasser zu Boden. Losgelöst von allem, fällt er auf kürzestem Weg nach unten und landet schließlich auf dem Grund, dem Punkt vollkommener Ruhe. Sie sind wie dieser Kieselstein, der in den Fluss fällt und alles loslässt. Die Mitte Ihres Wesens ist der Atem. Es ist unwichtig für Sie, genau zu wissen, wie lange es dauert, bis Sie den Punkt vollkommener Ruhe erreicht haben dort unten im Wasser, im feinen Sand des Flussbettes. Fühlen Sie sich wie dieser Kiesel, der das Flussbett erreicht hat? Dann sind Sie an dem Punkt angelangt, an dem Sie beginnen, Ruhe zu finden. Nichts drängt und treibt Sie mehr. Wer in einem solchen Augenblick des Sitzens keinen Frieden und keine Freude findet, an dem wird letztlich auch die Zukunft vorbeiziehen, unaufhaltsam; denn es fehlt uns dann die Fähigkeit, unsere Zukunft zu leben, wenn sie zur Gegenwart geworden ist. Sprechen wir von Freude und Frieden, so meinen wir genau die Freude und den Frieden, die in dieser Stunde des Sitzens möglich sind. Finden wir sie nicht hier, dann finden wir sie nirgendwo. Machen Sie sich nicht zum Schatten Ihrer Gedanken, laufen Sie ihnen nicht hinterher! Finden Sie Freude und Frieden in diesem Augenblick.

Es ist Ihre Zeit. Der Ort, an dem Sie sitzen, ist Ihr Ort. An genau diesem Ort und in diesem Augenblick können Sie Erleuchtung erlangen. Dazu müssen Sie nicht in einem fernen Land in einer Höhle oder unter einem bestimmten Baum sitzen. Üben Sie einige Monate auf die empfohlene Weise, und Sie werden tiefe Freude kennen lernen, die Sie zu einem neuen Menschen macht.

Ob Sie sich beim Sitzen wohl fühlen, hängt davon ab, wie sehr Sie sich auch sonst im Laufe des Tages in Achtsamkeit üben. Natürlich spielt es auch eine Rolle, ob Sie regelmäßig sitzen oder nicht. Deshalb suchen Sie die Gelegenheit, so oft wie möglich gemeinsam mit Freundinnen und Freunden oder mit Ihrer Familie für eine Stunde zu sitzen. Finden Sie einen Ort, machen Sie einen Treffpunkt aus. Wer kann und möchte, setzt sich für eine halbe oder eine ganze Stunde dazu.

Achtsamkeit des Geistes

Es erhebt sich die Frage nach dem Zweck der Meditation: Geht es einzig um Entspannung? Tatsächlich geht es beim Meditieren um etwas sehr viel Tieferes. Entspannung ist dafür allerdings eine notwendige Voraussetzung; haben wir sie erst einmal erlangt, ermöglicht sie uns, ein ruhiges Gemüt, eine gelassene Haltung des Herzens und einen klaren Geist zu verwirklichen. Gelingt es uns, dieses ruhige Herz und diesen klaren Geist zu entwickeln, dann sind wir auf dem Weg der Meditation schon sehr weit gekommen.

Wollen wir unseren Geist unter Kontrolle und unsere Gedanken zur Ruhe bringen, so müssen wir natürlich auch Achtsamkeit für unsere Gefühle und Wahrnehmungen entwickeln und üben. Um Kontrolle über Ihren Geist zu erlangen, müssen Sie sich in Achtsamkeit in Bezug auf den Geist üben. Also ist es wichtig zu lernen, wie Sie das Vorhandensein aller aufkommenden Gefühle und Gedanken beobachten und erkennen können. Der Zenmeister Thuon Chien schrieb: »Wenn der Übende seinen Geist klar erkennt, wird er mit nur wenig Anstrengung Ergebnisse erzielen. Weiß er aber nicht alles über seinen Geist, sind alle seine Mühen vergeblich.« Wenn Sie also Ihren eigenen Geist kennen lernen wollen, gibt es nur einen Weg: alles an ihm zu beobachten und kennen zu lernen. Und das müssen Sie ununterbrochen tun, im Alltag genauso beständig wie in der Zeit, in der Sie meditieren.

Während einer Meditation können unterschiedliche Gefühle und Gedanken entstehen. Halten wir unsere Achtsamkeit nicht beständig auf den Atem gerichtet, so können uns diese Gedanken schnell ablenken – und die Achtsamkeit geht verloren. Nun dient uns der Atem aber nicht in erster Linie als Instrument, solche Gedanken und Gefühle zu verscheuchen; vielmehr ist er das Mittel, das Körper und Geist vereinigt und uns das Tor zur Weisheit öffnet. Entstehen also Gefühle oder Gedanken, dann sollten Sie es nicht darauf anlegen, sie zu verscheuchen, auch wenn genau dieser Effekt aus der fortgesetzten Konzentration auf den Atem entsteht – die Gefühle oder Gedanken verschwinden von allein aus dem Geist. Es geht also weder darum, sie zu verscheuchen oder gar zu hassen, noch in Sorge darüber zu geraten oder Angst vor ihnen zu haben. Was sollten Sie nun aber mit solchen Gedanken und Gefühlen tun? Ganz einfach: ihr Vorhandensein *anerkennen*. Wenn zum Beispiel ein Gefühl von Trauer entsteht, sollten Sie wahrnehmen: »Ein Gefühl von Trauer ist in mir entstanden.« Wenn das Gefühl von Trauer anhält, dann halten Sie Ihre bewusste Wahrnehmung aufrecht: »Es ist noch immer ein Gefühl der Trauer in mir.« Wenn ein Gedanke aufkommt wie: »Es ist schon spät, und die Nachbarn sind so laut«, dann nehmen Sie einfach wahr, dass dieser Gedanke entstanden ist. Wenn er anhält, so seien Sie sich weiterhin dessen bewusst. Taucht ein anderes Gefühl oder ein anderer Gedanke auf, so nehmen Sie auch diese wahr und erkennen sie in gleicher Weise an. Zweck der

Übung ist, möglichst keine Gefühle und Gedanken entstehen zu lassen, ohne sie mit Achtsamkeit wahrzunehmen, sie zu erkennen und anzuerkennen, so wie eine Wache das Gesicht jedes Menschen zur Kenntnis nimmt, der durch das Hauptportal Einlass zum Kaiserpalast sucht.

Sind einmal keine Gedanken oder Gefühle da, dann erkennen Sie einfach, dass keine Gedanken oder Gefühle da sind. Wenn Sie auf diese Weise üben, bedeutet das, Sie werden im Laufe der Zeit immer achtsamer gegenüber Ihren Gedanken und Gefühlen. Bald erlangen Sie Kontrolle über Ihren Geist. Man kann die Methode des achtsamen Atmens gut mit der Achtsamkeit gegenüber den Gefühlen und Gedanken verbinden.

Die Wache – oder der Schatten des Affen

Wenn Sie sich nun der Achtsamkeit gegenüber den Gedanken und Gefühlen zuwenden, unterscheiden Sie bitte keinesfalls zwischen »gut« und »schlecht« – das führt nur zu inneren Konflikten.

Jedes Mal, wenn ein heilsamer Gedanke auftaucht, nehmen Sie ihn wahr: »Ein heilsamer Gedanke ist gerade entstanden.« Wenn ein unheilsamer Gedanke entsteht, so nehmen Sie ihn ebenfalls wahr: »Ein unheilsamer Gedanke ist gerade entstanden.« Erkennen Sie beide, und erkennen Sie sie unterschiedslos an. Halten Sie nicht an dem heilsamen Gedanken fest und versuchen Sie bitte nicht, den unheilsamen loszuwerden, so peinlich und unangenehm er Ihnen vielleicht auch sein mag. Es reicht vollkommen, ihn wahrzunehmen und anzuerkennen. Wenn Sie mit Ihren Gedanken abgeschweift sind, so wissen Sie, Sie sind abgeschweift, und wenn Sie mit Ihrer Aufmerksamkeit noch beim Atem sind, so sind Sie sich dessen bewusst. Haben Sie erst einmal einen solchen Grad an Gewahrsein erlangt, dann haben Sie nichts mehr zu befürchten.

Als ich das Beispiel von der Wache am Palast des Kaisers erwähnte, haben Sie sich vielleicht ein Gebäude mit zwei Toren vorgestellt, also mit einem Eingang und einem Ausgang. Ihr Geist ist der Wächter. Welche Gefühle oder welche Gedanken auch eintreten, Sie sind sich dessen bewusst, dass sie eintreten, und wenn sie gehen, sind Sie sich auch dessen bewusst. Das Bild hat jedoch eine Schwachstelle: Es erweckt den Eindruck, dass die, die den Durchgang betreten und ihn wieder verlassen, sich vom Wächter unterscheiden, dass sie etwas anderes, von ihm Getrenntes seien. Tatsächlich *sind* wir aber unsere Gefühle und Gedanken. Sie sind ein Teil von uns. Wir sind versucht, sie alle oder wenigstens einige von ihnen als feindliche Kräfte zu betrachten, die versuchen, uns bei der Konzentration und dem Verstehen unseres Geistes zu stören. Tatsächlich *sind wir* jedoch die Wut, wenn wir wütend sind. Wenn wir glücklich sind, dann *sind wir* das Glück. Wenn wir bestimmte Gedanken haben, dann *sind wir* diese Gedanken. Wir sind beides gleichzeitig: Wache und Besucher. Wir sind der Geist und die- oder derjenige, der diesen Geist beobachtet. Aus diesen Gründen kann das Verscheuchen von Gedanken oder das Festhalten an ihnen gar nicht das Hauptziel für uns sein. Das Wesentliche ist vielmehr das Gewahrsein, die Bewusstheit, ist die Achtsamkeit gegenüber den Gedanken. Dieses Gewahrsein macht den Geist nicht zu einem Objekt: Da gibt es keine Unterscheidung von Subjekt und Objekt. Der Geist greift nicht nach dem Geist, und der Geist verscheucht auch nicht den Geist. Geist kann sich nur selbst beobachten. Die Beobachtung des Geistesinhalts ist also keine Beobachtung eines getrennten Objektes, und sie ist auch nicht unabhängig vom Beobachter.

Vielleicht kennen Sie das Koan des Zenmeisters Bach An, der fragte: »Was ist der Ton einer klatschenden Hand?« Oder nehmen Sie das Beispiel vom Geschmack und der Erfahrung der Zunge: Was macht den Unterschied aus zwischen Geschmack und Geschmacksknospe? Der Geist erfährt sich selbst ganz unmittelbar. Das hat eine besondere Bedeutung, und im *Sutra über die Vier Grundlagen der Achtsamkeit* benutzt der Buddha stets die Wendung: *»Achtsamkeit des Gefühls im Gefühl, Achtsamkeit des Geistes im Geist.«* Es gibt Interpreten, die meinen, der Buddha habe diesen Ausdruck gewählt, um Begriffe wie Gefühl und Geist besonders zu betonen. Ich glaube jedoch nicht, dass sie mit dieser Deutung der Absicht des Buddha gerecht werden. Achtsamkeit des Gefühls im Gefühl bedeutet Achtsamkeit für das Gefühl, unmittelbar in dem Moment, wenn wir das Gefühl erfahren. Es geht also nicht um die Betrachtung einer *Vorstellung* von einem Gefühl, die man erzeugt, weil man etwa dem Gefühl ein objektives, abgetrenntes eigenes Dasein außerhalb von uns verleihen will. Beschreibende Worte lassen es als ein Rätsel, als Paradox oder Wortspiel erscheinen: *Achtsamkeit des Gefühls im Gefühl* – das ist der Geist, der Achtsamkeit für den Geist im Geist erfährt. Die scheinbare Objektivität eines außenstehenden Beobachters, der etwas untersucht, ist eine naturwissenschaftliche Methode, aber nicht die Methode der Meditation. Das Bild vom Wächter und den Besuchern kann somit die achtsame Beobachtung des Geistes beziehungsweise der Geistesinhalte nicht wirklich angemessen veranschaulichen.

Der Geist wird oft mit einem Affen verglichen, der sich von Zweig zu Zweig durch einen Wald schwingt. Damit wir den Affen nicht durch eine plötzliche Bewegung aus den Augen verlieren, müssen wir ihn ständig beobachten, müssen sogar eins mit ihm werden. Der Geist, der den Geist beobachtet, gleicht einem Gegenstand und seinem Schatten – der Gegenstand kann den Schatten nicht abschütteln. Die zwei sind eins. Wohin auch immer der Geist geht, er befindet sich im Zaumzeug des Geistes. In den Schriften finden wir manchmal den Begriff »den Affen fesseln«, wenn von der Kontrolle des Geistes die Rede ist. Aber auch das Bild des Affen ist nur eine Darstellungsweise. Wenn der Geist unmittelbar und fortwährend seiner selbst bewusst ist, gleicht er ja nicht mehr dem Affen. Es gibt letztlich keine zwei Arten von Geist, etwa einer, der sich von Ast zu Ast schwingt und einer, der ihm folgt, um ihn mit einem Seil zu fesseln.

Ein Mensch, der Meditation übt, hegt normalerweise die Hoffnung, sein eigenes Wesen zu erkennen, um zu erwachen. Wenn Sie jedoch gerade erst damit beginnen, dann erwarten Sie bitte nicht sofort, »in Ihr eigenes Wesen zu schauen«. Erwarten Sie am besten gar nichts, vor allem nicht, Buddha oder irgendeine Art »letztendlicher Wirklichkeit« zu sehen!

In den ersten sechs Monaten der meditativen Übung versuchen Sie vor allem, Ihre Kraft zur Sammlung auszubilden, um innere Ruhe und heitere Freude zu entwickeln. Damit werden Sie alle Angst abschütteln, Ihren Geist zur Ruhe kommen lassen und tiefen Frieden genießen. Sie werden sich frischer und lebendiger fühlen, eine umfassendere, klarere Sicht der Dinge erwerben und die Liebe in Ihnen vertiefen und stärken. Und es kann dazu beitragen, dass Sie den Menschen um Sie herum noch besser Unterstützung und Hilfe sein können.

Die Sitzmeditation ist Nahrung für Ihren Geist und Körper. Durch das Sitzen erlangt der Körper mehr Ausgeglichenheit, er fühlt sich leichter und friedvoller. Der Weg vom Beobachten des Körpers zur »Schau des eigenen Wesens« wird dadurch vermutlich weniger steinig. Können Sie Ihren eigenen Geist erst einmal zur Ruhe bringen und fühlen Sie sich von Ihren Gefühlen und Gedanken nicht länger gestört, so beginnt an diesem Punkt Ihr Geist, im Geist zu ruhen. Er beginnt, auf eine unmittelbare und wunderbare Weise den Geist unter

Kontrolle zu halten, nicht länger zwischen Subjekt und Objekt unterscheidend. Trinken Sie eine Tasse Tee, löst sich auf einmal der scheinbare Unterschied zwischen dem, der trinkt, und dem Tee, der getrunken wird, in Luft auf. So wird das Trinken einer Tasse Tee zu einer direkten und wundervollen Erfahrung, in der es keine Unterscheidung zwischen Subjekt und Objekt mehr gibt.

Auch ein zerstreuter Geist ist Geist, so wie die Wellen, die sich im Wasser kräuseln, auch Wasser sind. Hat der Geist Kontrolle über den Geist erlangt, wird der irregeführte Geist zum wahren Geist. Der wahre Geist ist unser wirkliches Selbst, ist Buddha: das reine Einssein, das nicht durch trügerische sprachliche und begriffliche Vorstellungen von einem getrennten Selbst gespalten werden kann.

Im Wald

Die Gemeinschaft der Bäume –
Tausende von Körpern,
und unter ihnen ein menschlicher Körper.
Zweige und Blätter winken.
Dann das Rufen des Flusses,
und meine Augen öffnen sich
zum Himmel des großen Geistes.
Ein Lächeln ist
auf jedem Blatt zu sehen.
Der Wald ist hier,
weil die Stadt dort unten ist.
Der Geist aber ist mit den Bäumen gegangen
und hat ein neues grünes Gewand angelegt.
Der Sonnenschein ist die Blätter.
Die Blätter sind der Sonnenschein.
Der Sonnenschein unterscheidet sich nicht
von den Blättern.
Die Blätter unterscheiden sich nicht
vom Sonnenschein.
Alle anderen Formen und Töne
sind von derselben Natur.

Kapitel 5

Eins ist Alles, Alles ist Eins

In den folgenden Abschnitten möchte ich mich den Methoden widmen, die Ihnen helfen können, sich von den eigenen engen Sichtweisen zu befreien, um Furchtlosigkeit und großes Mitgefühl zu entwickeln. Es sind Betrachtungen über gegenseitige Abhängigkeit, Unbeständigkeit und Mitgefühl.

Während der Sitzmeditation können Sie, wenn Sie etwas Kontrolle über Ihren Geist erlangt haben, das Wesen der gegenseitigen Abhängigkeit der Dinge voneinander betrachten. Diese Meditation ist jedoch etwas ganz anderes als diskursives Nachdenken über eine Philosophie der gegenseitigen Abhängigkeit. Es geht uns hier um das Eindringen des Geistes in den Geist selbst, wobei wir unsere Konzentrationskraft gebrauchen, um das wirkliche Wesen des betrachteten Objektes zu enthüllen.

Erinnern wir uns an eine alte Wahrheit: Das Subjekt des Wissens kann nicht unabhängig vom Objekt des Wissens existieren. Sehen heißt somit stets *etwas* sehen. Hören heißt *etwas* hören. Sich ärgern heißt sich *über etwas* ärgern. Hoffen heißt *auf etwas* hoffen. Denken heißt *an etwas* denken. Wenn nun das Objekt des Wissens nicht da ist, kann es auch kein Subjekt des Wissens geben. Meditiert man über den Geist, kann man dadurch die gegenseitige Abhängigkeit von Subjekt und Objekt des Wissens erkennen. Wenn wir das achtsame Atmen üben, dann ist das Wissen vom Atem Geist. Wenn wir Achtsamkeit in Bezug auf den Körper üben, dann ist das Wissen vom Körper Geist. Wenn wir Achtsamkeit in Bezug auf die Dinge außerhalb von uns selbst üben, dann ist das Wissen um diese Dinge ebenfalls Geist. Deshalb ist die Betrachtung des Wesens der gegenseitigen Abhängigkeit auch eine Betrachtung des Geistes.

Jeder Gegenstand des Geistes ist selbst Geist. Im Buddhismus nennen wir die Geistesobjekte *dharmas*. Dharmas werden gewöhnlich in fünf Klassen unterteilt:

1. körperliche Formen
2. Gefühle
3. Wahrnehmungen
4. Geistesformationen
5. Bewusstsein

Diese fünf Klassen nennt man die fünf Skandhas, Aggregate oder auch Daseinselemente. Die fünfte Klasse, Bewusstsein, enthält dabei alle anderen und bildet somit die Grundlage für deren Existenz.

Die Betrachtung über wechselseitige Abhängigkeit ist ein tiefes Schauen in alle Dharmas, um zu ihrem wirklichen Wesen vorzudringen, um sie als Teil des großen Dharmakörpers zu erkennen und zu sehen, dass dieser Dharmakörper unteilbar ist. Man kann die Wirklichkeit nicht in Stücke schneiden, so dass getrennte, eigenständige Existenzen entstehen.

Der erste Gegenstand Ihrer Betrachtung sind Sie, ist die eigene Person, die Ansammlung der fünf Daseinselemente in Ihnen selbst. Sie betrachten jetzt also die fünf Daseinselemente, die Sie ausmachen.

Sie vergegenwärtigen sich zunächst die Präsenz Ihrer körperlichen Form, Ihrer Gefühle, Ihrer Wahrnehmungen, Ihrer Geistesformationen und Ihres Bewusstseins. Beobachten Sie diese »Objekte« nun so lange, bis Sie erkennen, dass jedes von ihnen eine innige Verbindung mit der Außenwelt hat: Gäbe es die Welt nicht, so könnte auch die Ansammlung der fünf Daseinselemente nicht existieren.

Betrachten wir beispielsweise einen Tisch. Die Existenz dieses Tisches wird erst durch die Existenz vieler anderer Dinge ermöglicht, die wir einmal »die Welt des Nicht-Tisches« nennen wollen: Da ist der Wald, in dem die Bäume wuchsen und gefällt wurden, um zu Nutzholz zu werden, der Zimmermann, das Eisenerz, das zu Nägeln und Schrauben wurde, da sind die zahllosen anderen Dinge, die einen Bezug zu dem Tisch haben, die Eltern und die Vorfahren des Zimmermanns, die Sonne und der Regen, die das Wachstum der Bäume ermöglichten.

Wenn Sie die Wirklichkeit des Tisches begreifen, dann sehen Sie, dass im Tisch selbst all die Dinge vorhanden sind, die wir normalerweise als Nicht-Tisch-Welt betrachten. Wenn Sie irgendeins dieser Nicht-Tisch-Elemente wegnehmen und zu seinem Ursprung zurückführen würden – die Nägel zurück zum Eisenerz, das Holz in den Wald, den Zimmermann zu seinen Eltern –, so gäbe es den Tisch nicht mehr.

Ein Mensch, der den Tisch anschaut und darin das Weltall sehen kann, ist ein Mensch, der den *Weg* sehen kann. Meditieren Sie also auf die gleiche Weise über die fünf Daseinselemente in Ihnen. Meditieren Sie darüber, bis Sie in der Lage sind, die Tatsache des Einsseins aller Dinge als Wirklichkeit in Ihnen selbst zu erkennen, ja, zu verstehen, dass Ihr eigenes Leben und das Leben des Weltalls eins sind. Wenn die fünf Daseinselemente zu ihrem Ursprung zurückkehren, gibt es das Selbst nicht mehr. In jeder Sekunde nährt die Welt die fünf Daseinselemente. Das Selbst unterscheidet sich nicht von ihnen. Die fünf Daseinselemente spielen eine ebenso entscheidende Rolle in der Gestaltung, Erschaffung und Zerstörung aller Dinge im Weltall.

Befreiung vom Leiden

Wir Menschen haben die Tendenz, die Wirklichkeit in Einzelteile zu zerstückeln, und sind deshalb nicht in der Lage, die wechselseitige Abhängigkeit aller Phänomene zu erkennen. Eines in allem und alles in einem zu sehen würde aber bedeuten, jene große Schranke zu durchbrechen, die unsere

Wahrnehmung der Wirklichkeit eingrenzt, eine Schranke, die im Buddhismus als Anhaften an eine falsche Sicht vom Selbst bezeichnet wird.

Das Anhaften an einer falschen Sicht vom Selbst beinhaltet unseren Glauben an das Vorhandensein von unveränderlichen Wesenheiten, die aus sich selbst heraus existieren. Aber erst wenn wir diese falsche Sichtweise durchbrechen, können wir frei werden von jeder Art von Angst, Schmerz und Sorge. Als die Bodhisattva Quan The Am, eine Quelle der Inspiration für die Friedensarbeiter in Vietnam, die Wirklichkeit der fünf Daseinselemente erkannte, die ja erst das Selbst entstehen lassen, war sie befreit von allem Leid und Schmerz, von Zweifel und Wut. Dies gilt für alle. Wenn wir die fünf Elemente beharrlich und mit Interesse betrachten, werden auch wir frei von Leiden, Angst und Schrecken.

Es gilt, alle Hindernisse zu beseitigen, wollen wir als Teil des universellen Lebens leben. Ein Mensch ist keine »private Wesenheit«, die losgelöst und unberührt durch Zeit und Raum reist, als sei sie durch eine dicke Trennwand vom Rest der Welt abgeschirmt. Es wäre unmöglich, so zu leben. In unserem Leben ist eine Vielzahl von Phänomenen gegenwärtig, so wie wir selbst in zahllosen Phänomenen gegenwärtig sind. Wir sind Leben, und Leben hat keine Grenzen. Vielleicht macht es gerade unser Lebendigsein aus, wenn wir das Leben der Welt und damit verbunden auch Freud und Leid anderer leben. Das Leiden anderer ist unser eigenes Leiden, und das Glück anderer ist unser eigenes Glück. Wenn unser eigenes Leben keine Grenzen hat, dann haben auch die fünf Daseinselemente, die unser Selbst erst ausmachen, keine Grenzen. Der unbeständige Charakter des Weltalls, die Erfolge und Misserfolge im Leben können uns dann nicht mehr so sehr beeindrucken und verunsichern. Haben Sie erst einmal die Wirklichkeit der gegenseitigen Abhängigkeit erkannt und sind Sie tief in diese Wirklichkeit eingedrungen, dann kann Sie auch nichts und niemand mehr unterdrücken. Sie sind frei!

Diese Meditation über die wechselseitige Abhängigkeit muss man jedoch ständig üben, und dies nicht nur im Sitzen; sie sollte zum integralen Bestandteil unseres Alltags, aller unserer Beschäftigungen und Tätigkeiten werden. So werden Sie schließlich erkennen, dass jede Person, die da gerade vor Ihnen steht, *Sie* ist – und Sie selbst sind wiederum diese Person. Wir schulen unsere Fähigkeit, den Prozess des Entstehens in Abhängigkeit zu erkennen – in allen Erscheinungen und Situationen; in denen, die jetzt gerade geschehen, und in denen, die noch geschehen werden.

Eine Reise auf den Wogen von Geburt und Tod

Ich möchte das Problem von Leben und Tod nicht unerwähnt lassen.

Viele junge und auch ältere Menschen sind zu mir gekommen, beseelt von dem Wunsch, anderen zu helfen und sich aktiv für den Frieden einzusetzen; sie tun dies aus Liebe zu allen, die leiden. Dabei ist ihnen durchaus bewusst, dass die wichtigste existenzielle Frage die Frage nach Leben und Tod ist; oft erkennen sie jedoch nicht, dass Leben und Tod zwei Seiten einer Medaille, zwei Gesichter einer Wirklichkeit, sind. Erkennen und begreifen wir dies, werden wir den Mut aufbringen, beiden gegenüberzutreten.

Im Alter von neunzehn Jahren erhielt ich von einem älteren Mönch die Anweisung, über das Bild eines Leichnams zu meditieren. Das fiel mir sehr schwer, und ich wehrte mich gegen diese Meditation. Heute ist das anders, aber damals dachte ich, solch eine Meditation sei nur etwas für ältere Mönche. Inzwischen habe ich durch den Krieg so viele Soldaten reglos daliegen sehen, einige von ihnen erst dreizehn oder fünfzehn Jahre alt. Sie waren auf den Tod nicht vorbereitet, waren nicht bereit zu sterben. Jetzt habe ich erkannt: Wenn man nicht zu sterben weiß, weiß man auch kaum zu leben – denn der Tod ist ein Teil des Lebens. Gerade vor zwei Tagen sagte Mobi zu mir, dass man ihrer Meinung nach mit zwanzig Jahren durchaus alt genug sei, um über einen Leichnam zu meditieren. Sie selbst ist gerade einundzwanzig geworden. Wir müssen dem Tod ins Auge schauen, ihn anerkennen und annehmen, so wie wir dem Leben gegenübertreten und es annehmen.

Das *Sutra über die Vier Grundlagen der Achtsamkeit* spricht auch von der Meditation über einen Leichnam: *»Meditiere über den Zerfall des Körpers, wie er sich aufbläht und violett* *verfärbt, wie er von Würmern zerfressen wird, bis nur noch Fetzen von Fleisch und etwas Blut an den Knochen hängen. Meditiere bis zu dem Punkt, wo es nur noch weiße Knochen gibt, die langsam verwesen und sich in Staub verwandeln.*« Meditieren Sie einmal auf diese Weise, im Bewusstsein, dass auch Ihr eigener Körper dem gleichen Prozess unterliegt. Meditieren Sie über einen Leichnam, bis Sie sich ruhig und friedvoll fühlen, bis Ihr Herz und Geist leicht und ruhig geworden sind und sich auf Ihrem Gesicht ein Lächeln abzeichnet. Schaffen wir es, Angst, Abwehr und Ekel zu überwinden, können wir das Leben als etwas unendlich Kostbares erkennen, etwas, das zu jeder Sekunde wert ist, gelebt zu werden. Und wir erkennen nicht nur unser eigenes Leben als kostbar, sondern auch das jeder einzelnen Person, jedes anderen Wesens, jeder anderen Wirklichkeit. Wir lassen uns nicht länger von der Einstellung in die Irre führen, die Zerstörung anderer Leben sei unabdingbar für unser eigenes Überleben. Wir erkennen, dass Leben und Tod lediglich zwei Seiten des Lebens sind und dass Leben ohne beides nicht möglich ist, so wie eine Münze zwei Seiten benötigt, um Münze zu sein. Dann erst können wir uns über Geburt und Tod erheben. Deshalb müssen wir lernen, wie wir mit dem Leben und Sterben jetzt, in der Gegenwart, umgehen können. Im Buddhismus werden Bodhisattvas als die Wesen betrachtet, welche die Tatsache der wechselseitigen Abhängigkeit erkannt haben. Sie haben damit alle engen Sichtweisen durchbrochen und sind in der Lage, Leben und Tod so zu nehmen wie jemand, der eine Fahrt in einem kleinen Boot unternimmt, ohne unterzugehen und ohne in den Wogen von Geburt und Tod zu ertrinken.

Es gibt Menschen, die behaupten, wenn man die Wirklichkeit mit den Augen eines Buddhisten betrachte, werde man pessimistisch. Aber ein Denken in Begriffen wie Optimismus und Pessimismus verzerrt die Wahrheit. Unsere Schwierigkeit liegt ja darin, die Wirklichkeit so zu sehen, wie sie ist. Und eine wirklich pessimistische Haltung könnte wohl kaum dieses ruhige und heitere Lächeln hervorbringen, das auf den Lippen der Bodhisattvas und all derer erblüht, die den Weg erfolgreich beschreiten.

Transformierte Illusion

Der Horizont mit schweren Augenlidern,
die Berge angelehnt,
sie wollen sich ausruhen auf dem Kopfkissen der Erde –
wenn die Nacht hereinbricht,
schläft der Duft des Grases und der Blumen.
Die Illusion hebt ihre Schleier.
Der Wind weht ihre Hände hoch.
Jadekerzen schimmern
im Silberfluss des Himmels.
Das offene Tor in den Hügeln
umrahmt eine Sternschnuppe,
die in Feuerschrift
die heiligen Worte schreibt.
Zehntausend Leben wirbeln herum
im Kreis einer Traumillusion.
Der Augenblick dieser Nacht
offenbart die Wirklichkeit der Welt.

Kapitel 6

Der Mandelbaum in Ihrem Vorgarten

Die Meditation über die wechselseitige Abhängigkeit hat zum Ziel, die eingebildeten Schranken der Unterscheidung zwischen »ich« und »andere« zu beseitigen, damit wir die universelle Harmonie des Lebens erfahren können. Es geht nicht um ein philosophisches System, eine abgehobene Philosophie der wechselseitigen Abhängigkeit. Hermann Hesse hat das in seiner Erzählung *Siddhartha* noch nicht erkannt, und so lässt er die Hauptperson in etwas naiv erscheinenden Worten über die »Philosophie« der wechselseitigen Abhängigkeit sprechen. Der Autor konstruiert ein Bild gegenseitiger Abhängigkeit, in der alles miteinander in Beziehung steht, ein System, in dem es keinen Fehler gibt: Alles muss in das narrensichere System der gegenseitigen Abhängigkeit passen, ein System, in dem man die Möglichkeit der Befreiung in dieser Welt gar nicht in Erwägung ziehen kann.

Das Wesen der Wirklichkeit

Unserer Tradition zufolge hat das Wesen der Wirklichkeit drei Aspekte: Einbildung, wechselseitige Abhängigkeit und letztendliche Vollkommenheit. Aus Unachtsamkeit und illusorischen geistigen Einstellungen heraus verhüllen wir die Wirklichkeit mit einem Schleier falscher Ansichten und Meinungen. Das bedeutet, dass wir die Wirklichkeit nur durch die gefärbte Brille unserer Vorstellungen und Einbildungen sehen. Unsere Einbildungen täuschen uns über die Wirklichkeit, lassen uns lediglich eine Ansammlung von Fragmenten erblicken, die wir dann für eigenständige Wesen und Dinge halten. Wollen wir diese falsche Sicht durchbrechen, meditieren wir als Übende über das Wesen der wechselseitigen Abhängigkeit – über die wechselseitigen Beziehungen der Phänomene im Prozess von Entstehen und Vergehen. Überlegungen dieser Art zeigen eine Betrachtungsperspektive; sie sind nicht die Grundlage einer philosophischen Lehre. Halten wir sie dafür und klammern wir uns an sie, verfangen wir uns im System unserer eigenen irrigen Vorstellungen. Die Meditation über die wechselseitige Abhängigkeit hilft uns, die Wirklichkeit zu durchdringen und eins mit ihr zu werden. Sie soll uns nicht zu philosophischen Meinungen oder »Meditationsmethoden« verleiten. Ein Floß ist einzig dazu da, den Fluss zu überqueren. Am anderen Ufer müssen wir es nicht auf den Schultern weitertragen. Der Finger, der auf den Mond zeigt, ist nicht der Mond selbst.

Schließlich gelangen wir zur letztendlichen Vollkommenheit – der Wirklichkeit, die frei ist von allen falschen Sichtweisen, die unsere Einbildung erzeugt. Wirklichkeit ist Wirklichkeit. Sie überschreitet jede begriffliche Vorstellung. Es gibt keinen Begriff, keine Vorstellung, die sie angemessen beschreiben könnte, auch nicht der Begriff der wechselseitigen Abhängigkeit. Um sicherzugehen, dass wir nicht an philosophischen Vorstellungen haften, spricht unsere Lehre von den drei *Nicht-Wesen*. Damit soll vermieden werden, dass sich Meditierende in den Lehren von den drei Arten von Wesen zu verfangen. Das ist der Kern der Mahayana-Lehren.

Gelingt es uns, die Wirklichkeit in ihrer letztendlichen Vollkommenheit wahrzunehmen, haben wir als Übende eine Ebene von Weisheit erreicht, die man den nicht-unterscheidenden Geist nennt – eine wunderbare Verbundenheit, in der es keine Unterscheidung von Subjekt und Objekt gibt. Das ist keineswegs ein weit entfernter, unerreichbarer Zustand. Jeder und jede von uns kann – bei ausdauernder Übung – zumindest eine Ahnung davon bekommen.

Ich habe gerade einen Stoß Unterstützungsanträge von Waisenkindern[2] vor mir auf dem Schreibtisch liegen. Jeden Tag übersetze ich einige davon. Bevor ich mit der Übersetzung beginne, schaue ich dem Kind auf dem Foto in die Augen und betrachte seinen Ausdruck und seine Züge ganz genau. Ich spüre eine tiefe Verbindung mit jedem Kind, die es mir erlaubt,

---

2 *Die vietnamesisch-buddhistische Friedensdelegation führte in diesen Jahren ein Programm durch, um finanzielle Unterstützung für Familien in Vietnam zu finden, die Waisen zu sich nahmen. In den Vereinigten Staaten unterstützte ein Spender mit 6 US $ im Monat eine Familie, die einem Waisenkind half.*

in eine ganz besondere Zwiesprache mit ihm zu treten. Während ich diese Worte schreibe, erkenne ich, dass die Verbundenheit, die ich in solchen Momenten beim Übersetzen dieser einfachen Anträge verspüre, eine Art nicht-unterscheidender Geist ist. Da gibt es kein »Ich« mehr, das die Anträge übersetzt, um den Kindern zu helfen. Da ist auch kein Kind mehr, das Liebe und Hilfe erfährt. Das Kind und ich sind eins: niemand hat Mitgefühl, niemand bittet um Hilfe. Es gibt keine Aufgabe, keine Sozialarbeit, die zu leisten wäre, kein Mitgefühl, keine besondere Weisheit. Es sind Augenblicke von nicht-unterscheidendem Geist.

Wenn Wirklichkeit in ihrem letztendlichen vollkommenen Wesen erfahren wird, enthüllt ein Mandelbaum in Ihrem Vorgarten sein Wesen in seiner ganzen Vollkommenheit. Der Mandelbaum selbst ist Wahrheit, ist Wirklichkeit. Er ist Ihr eigenes Selbst. Wie viele von den Menschen, die an Ihrem Garten vorübergehen, haben den Mandelbaum wirklich gesehen? Es sei denn, es handelt sich um eine Künstlerin oder einen Künstler. Solch ein Mensch mag einfühlsamer sein und, so hoffe ich, den Baum auf tiefere Weise wahrnehmen als andere. Weil ihr oder sein Herz offener ist, gibt es eine bestimmte Verbundenheit zwischen Künstler/in und Baum. Was zählt, ist Ihr eigenes Herz. Wenn es nicht getrübt ist von falschen Ansichten, können Sie ganz natürlich Zwiesprache mit dem Baum halten. Dann ist der Mandelbaum bereit, sich Ihnen in seiner ganzen Vollkommenheit zu offenbaren. Den Mandelbaum sehen heißt den Weg sehen. Als einmal ein Zenmeister gebeten wurde, das Wunder der Wirklichkeit zu enthüllen, deutete er auf eine Zypresse und sagte: »Schaut euch diese Zypresse hier an.«

Die Stimme der Flut

Ist Ihr Geist befreit, strömt Ihr Herz über vor Mitgefühl – Mitgefühl für Sie selbst, weil Sie unzählige Leiden erfahren haben, als Sie sich noch nicht von falschen Ansichten, von Hass, Unwissenheit und Wut befreien konnten; und Mitgefühl für andere, die immer noch nicht ihre falschen Ansichten, Unwissenheit, Hass und Wut in sich erkennen können und somit darin gefangen bleiben. Ständig erzeugen sie deshalb weiteres Leiden für sich und andere. Betrachten Sie einmal sich selbst und andere mit den Augen des Mitgefühls, als wären Sie ein erleuchtetes Wesen, das die Fähigkeit besitzt, das Weinen jedes Geschöpfes im Weltall zu hören, ein Wesen, dessen Stimme die Stimme eines jeden Wesens ist und das die Wirklichkeit in ihrer ganzen Vollkommenheit geschaut hat. Im *Lotos-Sutra* wird die Stimme des Bodhisattva des Mitgefühls so beschrieben:

Die wunderbare Stimme, die Stimme dessen,
der das Weinen der Welt hört,
die edle Stimme, die Stimme der steigenden Flut,
die alle Klänge der Welt übertrifft,

möge unser Geist auf diese Stimme hören.
Lasst allen Zweifel beiseite und meditiert
über das reine und heilige Wesen dessen,
der das Weinen der Wesen hört,
denn er ist unsere Stütze, wenn Schmerz, Verzweiflung,
Unglück und Tod herrschen.
Vollkommen in allen Verdiensten,
sieht er alle Wesen mit den Augen des Mitgefühls,
grenzenlos wird durch ihn das Meer von Segen.
Vor ihm wollen wir uns verneigen.

Die Übung, alle Wesen mit den Augen des Mitgefühls zu betrachten, ist die Meditation, die man »Meditation über das Mitgefühl« nennt.

Die Meditation über das Mitgefühl können Sie im Sitzen üben wie auch in jedem Augenblick, in dem Sie für andere etwas tun. Wohin Sie auch gehen, wo immer Sie gerade sitzen, erinnern Sie sich an den heiligen Ruf: *»Schaut auf alle Wesen mit den Augen des Mitgefühls.«*

Es gibt so viele Meditationsthemen und -methoden, und ich kann mich hier nur auf einige einfache, aber grundlegende Methoden beschränken. Wer für das Wohl anderer, wer für den Frieden arbeitet, ist ein Mensch wie jeder andere auch. Sie oder er muss ein eigenes Leben leben, in dem die Arbeit nur *ein* Teil ist. Aber Arbeit ist nur dann Leben, wenn sie mit Achtsamkeit getan wird. Sonst wird man zu einem Menschen, der »lebt, als ob er tot sei«. Wir müssen unser eigenes Licht anzünden, wenn wir weitermachen wollen. Unser aller Leben ist mit dem Leben der anderen um uns herum verbunden. Wenn wir es verstehen, in Achtsamkeit zu leben, uns um unseren eigenen Geist und unser eigenes Herz zu kümmern, dann können wir auch unseren Schwestern und Brüdern helfen, in Achtsamkeit zu leben.

Meditation enthüllt und heilt

Wenn wir in Achtsamkeit sitzen, können Körper und Geist in Frieden und völliger Entspanntheit ruhen. Dieser Zustand des Friedens und der Entspannung unterscheidet sich jedoch grundlegend von dem trägen, halbbewussten Geisteszustand, in den man gerät, wenn man sich ausruht und döst. In solch einem trägen, getrübten Bewusstseinszustand ist man weit davon entfernt, achtsam zu sein. Es ist eher so, als säße man in einer dunklen Höhle.

Achtsamkeit hingegen macht uns ausgeruht und glücklich; wir fühlen uns hellwach. Meditation ist eben keine Flucht, sondern eine gelassene Begegnung mit der Wirklichkeit. Bei der Achtsamkeitsübung sollte man nicht weniger wach sein als beim Autofahren! Dämmern wir nur so vor uns hin, geraten wir leicht in einen Zustand der Zerstreutheit und Unachtsamkeit. Ein schläfriger Fahrer läuft Gefahr, einen schweren Unfall zu verursachen. Seien Sie also so wach wie jemand, die auf hohen Stelzen geht – jeder falsche Schritt kann zu einem Sturz führen. Seien Sie wie der Ritter im Mittelalter, der ohne Waffe einen Wald von Schwertern durchschreitet; pirschen Sie gleich einem Löwen mit langsamem, gelöstem und doch festem Gang durchs Revier. Dies ist die Art von Wachheit und Achtsamkeit, die Sie brauchen, um völlig zu erwachen.

Denen, die mit der Meditation erst beginnen, rate ich zur Methode des reinen Wahrnehmens: Wahrnehmen ohne Urteil. Jegliche Gefühle, ob es sich um Mitgefühl handelt oder um Ärger und Gereiztheit, ganz, gleich, was da kommt, alles sollte Ihnen willkommen sein, einfach wahrgenommen und völlig gleichwertig behandelt werden. Sie sind es selbst. Die Mandarine, die ich esse, das bin ich. Die Senfpflanze, die ich in den Boden setze, das bin ich. Ich pflanze sie mit meinem ganzen Geist und Herzen. Ich reinige diese Teekanne mit der gleichen Aufmerksamkeit, mit der ich den Buddha oder Jesus als Säugling baden würde. Alles sollte mit der gleichen Sorgfalt behandelt werden. In der Achtsamkeit ist alles heilig: Mitgefühl, Ärger, Senfpflanze und Teekanne.

Sind Sie gerade voller Trauer, Angst, Hass, Leidenschaft oder was auch immer, dann mag es besonders schwer fallen, die Methode des reinen Wahrnehmens anzuwenden. In diesem Fall machen Sie am besten Ihre momentane Geistesverfassung selbst zum Meditationsthema. Eine solche Meditation macht uns vieles deutlich und kann uns heilen. Die Trauer oder die Angst, der Hass oder die Leidenschaft offenbart uns unter dem konzentrierten beobachtenden Blick ihr eigenes Wesen – eine Offenbarung, die ganz natürlich zu Heilung und Befreiung führt. Wir können die Trauer (oder was auch immer den Schmerz verursacht hat) als Mittel zur Befreiung von Kummer und Leid nutzen, so wie man mit einem Dorn einen Dorn beseitigen kann. Wir tun gut daran, unsere Sorgen und Schmerzen, unseren Hass und unsere Leidenschaft sanft und voller Achtung zu behandeln. Es ist besser, ihnen keinen Widerstand zu leisten, sondern mit ihnen zu leben, Frieden mit ihnen zu schließen und ihr Wesen zu durchdringen, indem wir über wechselseitige Abhängigkeit meditieren.

Unser Blick schärft sich allmählich für die angemessene Meditation in einer bestimmten Verfassung. Meditationsthemen wie wechselseitige Abhängigkeit, Mitgefühl, das Selbst, Leerheit und Nicht-Anhaften gehören alle zur Kategorie der Meditationen, die effektiv zu enthüllen und zu heilen vermögen.

Eine Meditation über diese Themen kann jedoch nur dann erfolgreich sein, wenn wir eine gewisse Konzentrationskraft aufgebaut haben, eine Kraft, die wir erlangen, wenn wir Achtsamkeit im Alltag üben, wenn wir wahrnehmen, was ist, wahrnehmen, was geschieht. Die Inhalte unserer Meditation müssen mit unserer Wirklichkeit zu tun haben, in unserem Sein wurzeln; es geht nicht um philosophische Spekulationen. Jedes Thema sollte wie eine Speise sein, die lange über dem Feuer geköchelt hat. Der Topf, das sind wir, und die Hitze, mit der wir kochen, das ist das Feuer der Konzentration. Der Brennstoff entstammt der fortwährenden Übung in Achtsamkeit. Ohne ausreichende Hitze wird das Essen nicht gar. Ist es aber gar, dann offenbart es sein wahres Wesen und hilft uns, Befreiung zu erlangen.

Das Wasser ist klarer, das Gras grüner

Der Buddha nannte einmal das Problem von Leben und Tod eine Frage der Achtsamkeit. Ob man lebt oder nicht, hängt nicht zuletzt von der eigenen Achtsamkeit ab. In einem Sutra aus dem *Samyutta Nikaya* erzählte der Buddha eine Geschichte, die sich in einem kleinen Dorf zutrug:

»Eine berühmte Tänzerin war gekommen, und das ganze Dorf war auf den Beinen, um einen Blick auf sie zu erhaschen. Zum gleichen Zeitpunkt musste ein verurteilter Verbrecher mit einer Schale Öl, randvoll gefüllt, das Dorf durchqueren. Würde er auch nur einen Tropfen Öl verschütten, so würde er sein Leben verlieren: Der Soldat der hinter ihm herging, war angehalten, ihm dann mit dem Schwert den Kopf abzuschlagen. Mit aller Intensität musste der Verbrecher sich also darauf konzentrieren, die Schale gerade zu halten.« Als er an diesem Punkt in der Geschichte angelangt war, fragte der Buddha:

»Glaubt ihr, es gelang dem Gefangenen, seine Aufmerksamkeit unbeirrt auf die Schale mit Öl zu richten, ohne dass sein Geist abschweifte, um einen Blick auf die berühmte Tänzerin zu erhaschen? Und ohne sich von der Menschenmenge verunsichern zu lassen, die ihn in ihrer Hektik und Aufgeregtheit wohl hätte anstoßen können?«

Auch eine andere Geschichte des Buddha ließ mich die tiefe Bedeutung der Achtsamkeitsübung für das eigene Selbst erkennen. Sie zeigt auch, wie wichtig es ist, dass wir uns selbst schützen und Sorge für uns tragen, ungeachtet dessen, wie andere mit sich umgehen (eine geistige Gewohnheit, die zu Abneigung und Angst führt). Der Buddha erzählte: »Es waren einmal zwei arme Akrobaten, ein alter Mann und ein junges Mädchen. Er war Lehrer, ein armer Witwer, und sie war seine Schülerin, ein Mädchen namens Meda. Sie führten beide Kunststücke auf der Straße vor, um ihr Auskommen zu haben. Sie benutzten dazu einen großen Bambusstab, den der Lehrer auf seinem Kopf balancierte, während die Schülerin langsam daran nach oben kletterte. Dort oben hielt sie sich dann durch geschickte Körperbeherrschung, während der Lehrer auf dem Boden weiterschritt.

Um dabei vollkommenes Gleichgewicht zu bewahren, mussten beide ihre Aufmerksamkeit in höchster Konzentration auf ihr Tun richten. Sonst drohte ihnen die Gefahr eines Unfalls. Eines Tages sprach der Lehrer zum Mädchen: ›Hör zu, Meda: Ich werde auf dich achten und du auf mich; so helfen wir uns gegenseitig, unsere Konzentration beizubehalten und einen Unfall zu vermeiden. Dann werden wir kein Problem damit haben, unser Brot zu verdienen.‹ Das Mädchen aber gab ihm folgende weise Antwort: ›Lieber Meister, ich glaube, es ist besser für uns beide, wenn jeder auf sich selbst achtet. Denn tun wir dies, so achten wir damit bereits auch auf den anderen. Ich bin sicher, dass wir auf diese Weise jeden Unfall vermeiden und unser Brot verdienen.‹ Das junge Mädchen sagte die Wahrheit.«

Wenn sich in einer Familie auch nur eine Person in Achtsamkeit übt, so wird die ganze Familie achtsamer. Die Achtsamkeit des einen Menschen erinnert und ermutigt die ganze Familie, in Achtsamkeit zu leben. Lebt auch nur eine Schülerin, ein Schüler in der Klasse in Achtsamkeit, so hat das Einfluss auf die gesamte Klasse.

Dieses Prinzip können wir auch in unseren Arbeitsbereichen, in den Organisationen, in denen wir uns engagieren, übernehmen. Deshalb lassen Sie sich nicht davon verunsichern, wenn etwa die Menschen um Sie herum offensichtlich nicht ihr Bestes tun. Kümmern Sie sich nur darum, dass Sie Ihre Sache gut machen. Wenn Sie Ihr Bestes tun, dann ist das der sicherste Weg, auch die Menschen in unserem Umfeld daran zu erinnern, sich entsprechend zu engagieren. Um Ihre Sache gut zu machen, müssen Sie konsequent Achtsamkeit üben. So viel ist sicher. Die Achtsamkeitsübung garantiert uns, dass wir uns nicht in unserem Engagement verlieren, sondern mit Freude und tief empfundenem Frieden im Herzen unsere Arbeit tun. Und wir lernen, alle anderen mit offenem Geist und den Augen der Liebe zu betrachten.

Kürzlich wurde ich von einer Freundin zu einer Tasse Tee eingeladen. Kirsten stammt aus Holland und ist eine unserer Helferinnen. Sie wohnt hier im Haus und besitzt ein Klavier. Als sie mir Tee einschenkte, warf ich einen Blick auf den Riesenstoß Papiere, ihre Arbeit, und sagte zu ihr: »Mach doch mal eine Pause mit dem Übersetzen der Waisenanträge und spiel mir etwas auf dem Klavier vor!« Kirsten freute sich, die Arbeit für eine Weile unterbrechen zu können, und setzte sich ans Klavier. Sie spielte ein paar Stücke von Chopin, die sie seit ihrer Kindheit kennt. In den Stücken gibt es einige Rhythmen, die sanft und melodisch sind, aber auch andere, die laut und schnell gespielt werden. Kirstens Hund lag unter dem Tisch. Als die Musik aufgeregter wurde, begann das Tier zu bellen und zu winseln. Es war deutlich, dass es sich unwohl fühlte und wollte, dass die Musik aufhörte. Kirstens Hund wird so freundlich behandelt wie ein kleines Kind und ist vielleicht sogar empfänglicher für Musik als ein kleines Kind. Vielleicht hat er so reagiert, weil seine Ohren bestimmte Schwingungen aufnehmen, die menschliche Ohren nicht hören können. Kirsten spielte weiter und versuchte gleichzeitig, den Hund zu beruhigen, aber ohne Erfolg. Sie brachte das Stück zu Ende und spielte dann etwas von Mozart, etwas Leichtes und Harmonisches. Jetzt lag der Hund ganz still da und schien seinen Frieden zu haben. Als Kirsten fertig war, kam sie herüber, setzte sich neben mich und sagte: »Es passiert öfter, wenn ich ein Stück von Chopin spiele, das auch nur ein wenig laut ist, dass dann der Hund bellt und mich am Hosenbein zerrt, damit ich mit dem Klavierspielen aufhöre. Manchmal muss ich ihn erst nach draußen bringen, bevor ich weiterspielen kann. Wenn ich aber Bach oder Mozart spiele, ist er friedlich.«

Kirsten erwähnte einen Bericht über Menschen in Kanada, die ihren Pflanzen nachts Mozart vorspielten. Die Pflanzen wuchsen schneller als üblich, und die Blüten neigten sich in die Richtung, aus der die Musik kam. Andere spielten jeden Tag auf ihren Weizen- und Roggenfeldern Mozart und konnten feststellen, dass der Weizen und Roggen auf diesen Feldern schneller wuchs als auf anderen. Als Kirsten das erzählte, dachte ich an diese Konferenzräume, in denen Menschen streiten und debattieren, in denen wütende und vorwurfsvolle Worte hin und her fliegen. Würde man in solchen Räumen Pflanzen aufstellen, hörten sie vermutlich auf zu wachsen.

Und ich dachte an den Garten, den ein Mönch betreut, der in Achtsamkeit lebt. Seine Blumen sind immer frisch und grün, genährt vom Frieden und der Freude, die aus seiner Achtsamkeit fließen. Einer der alten Weisen sagte:

Wird ein großer Meister geboren,
so fließt das Wasser klarer in den Bächen,
und die Pflanzen wachsen grüner.

Am Anfang jeder Sitzung und vor jedem Gespräch sollten wir also Musik hören oder uns hinsetzen und den Atem betrachten.

Unser wahres Erbe

Der Kosmos ist voll kostbarer Edelsteine.
Heute Morgen möchte ich dir
eine Hand voll davon schenken.
Jeder Augenblick deines Lebens ist ein kostbarer Stein,
der durch Erde und Himmel, Wasser und Wolken
strahlt und alles enthält.
Ganz sanft musst du atmen,
damit sich die Wunder offenbaren.
Auf einmal hörst du die Vögel singen,
und auch die Kiefern stimmen ein,
du siehst die Blumen erblühen,
siehst den blauen Himmel, die weißen Wolken,
das Lächeln und den wundervollen Blick
des Menschen, den du liebst.
Du, die reichste Person auf Erden, die du
herumgeirrt bist und für deinen Lebensunterhalt
hast betteln müssen,
hör auf, das notleidende Kind zu sein.
Komm wieder und fordere dein Erbe ein.
Wir sollten unser Glück genießen
und es allen anderen schenken.
Bewahre diesen Augenblick.
Lass den Strom von Kummer und Elend los
und nimm das Leben ganz in deine Arme.

Kapitel 7

Drei wunderbare Antworten

Die Geschichte von den drei Fragen des Kaisers

Zum Schluss möchte ich eine kurze Geschichte von Tolstoi erzählen, die Geschichte von den drei Fragen des Kaisers:

Eines Tages begab es sich, dass der Kaiser zu der Meinung gelangte, er müsse nur die Antwort auf drei Fragen wissen, dann könne er nie mehr in die Irre gehen.

Welche Zeit ist die beste für jede Sache?

Welche Menschen sind die wichtigsten, mit denen es zusammenzuarbeiten gilt?

Welches ist die wichtigste Sache, die man stets tun sollte?

Der Kaiser gab also in seinem Reich eine Bekanntmachung heraus, die Folgendes besagte: Jeder, der ihm diese Fragen beantworten könne, solle reichlich belohnt werden. Darauf machten sich viele, die diese Bekanntmachung lasen, sogleich auf den Weg zum Palast, und jeder hatte eine andere Antwort.

So sagte einer als Antwort auf die erste Frage, der Kaiser solle sich einen genauen Zeitplan machen und jede Stunde, jeden Tag, jeden Monat und jedes Jahr für bestimmte Aufgaben festlegen und diesen Plan dann genauestens befolgen. Nur so könne er hoffen, jede Aufgabe zur rechten Zeit zu erfüllen.

Ein anderer meinte, es sei unmöglich, alles im Voraus zu planen, der Kaiser solle daher alle nichtigen Vergnügungen lassen und seine Aufmerksamkeit auf jedes einzelne Ding richten, um so zu wissen, wann er was tun solle.

Ein weiterer bestand darauf, dass der Kaiser allein gar nicht die nötige Voraussicht und Befähigung haben könne zu entscheiden, wann jede Aufgabe zu tun sei; was er wirklich brauche, sei die Einrichtung eines Rates von Weisen, deren Ratschläge er dann befolgen solle. Wiederum ein anderer gab zu bedenken, dass gewisse Angelegenheiten eine sofortige Entscheidung forderten und es gar keine Zeit für lange Beratung gebe; um im Voraus zu wissen, was geschehen würde, solle er Zauberer und Wahrsager befragen.

Auch in der Beantwortung der zweiten Frage herrschte keine Übereinstimmung.

So sagte einer, der Kaiser solle all sein Vertrauen in Verwalter setzen, ein anderer drängte darauf, sich auf Priester und Mönche zu stützen, andere empfahlen Ärzte. Und wieder andere setzten ihr Vertrauen in Krieger.

Eine ähnliche Vielfalt von Antworten brachte die dritte Frage.

Einer sagte, die Wissenschaften seien das Wichtigste, womit es sich zu befassen gelte. Andere bestanden auf der Religion. Und wieder andere behaupteten, das Wichtigste sei die Kriegskunst.

Der Kaiser war jedoch mit keiner der Antworten zufrieden, und so gab es keine Belohnung.

Nachdem er einige Nächte mit Nachdenken zugebracht hatte, beschloss der Kaiser, einen Einsiedler aufzusuchen, von dem es hieß, er sei erleuchtet. Der Kaiser wollte dem Einsiedler die drei Fragen stellen; und da er wusste, dass der Einsiedler die Berge nie verließ und bekannt dafür war, nichts mit wohlhabenden oder mächtigen Menschen zu tun haben zu wollen und deshalb nur die Armen zu empfangen, verkleidete sich der Kaiser als einfacher Bauer. Seinen Dienern befahl er, am Fuße des Berges auf ihn zu warten, während er sich allein auf den Weg machte, den Einsiedler zu suchen.

Schließlich erreichte er die Wohnstatt des heiligen Mannes. Der Einsiedler war gerade dabei, einen Garten anzulegen. Er sah den Fremden, begrüßte ihn mit einem kurzen Kopfnicken und grub weiter. Offensichtlich fiel ihm die Arbeit schwer. Er war ein alter Mann, und jedes Mal, wenn er seinen Spaten in den Boden stieß, um Erde auszuheben, atmete er schwer.

Der Kaiser näherte sich ihm und sprach: »Ich bin hierhergekommen, um deine Hilfe bei drei Fragen zu erbitten. Welche Zeit ist die beste für jede Sache? Welche Menschen sind die wichtigsten, mit denen es zusammenzuarbeiten gilt? Und was ist die wichtigste Sache, die man stets tun sollte?«

Der Einsiedler hörte aufmerksam zu, klopfte dem Kaiser aber nur auf die Schulter und grub weiter. Der Kaiser sagte: »Du musst müde sein, lass mich dir dabei helfen.« Der Einsiedler dankte ihm, gab dem Kaiser den Spaten und setzte sich zum Ausruhen auf die Erde.

Als er zwei Beete umgegraben hatte, hielt der Kaiser inne, wandte sich an den Einsiedler und wiederholte seine drei Fragen. Der Einsiedler antwortete ihm immer noch nicht, stand stattdessen auf, deutete auf den Spaten und sagte:

»Ruh dich auch einmal aus! Ich kann jetzt wieder weitermachen.« Der Kaiser fuhr jedoch fort zu graben. Es verging eine Stunde und eine zweite. Schließlich begann die Sonne hinter den Bergen unterzugehen. Der Kaiser setzte den Spaten nieder und sagte zu dem Einsiedler: »Ich kam her, um dich zu fragen, ob du mir meine drei Fragen beantworten kannst. Wenn du jedoch keine Antworten für mich hast, so lasse es mich wissen, damit ich mich auf den Weg nach Hause machen kann.«

Der Einsiedler hob seinen Kopf und fragte den Kaiser:

»Hörst du dort drüben jemanden rennen?« Der Kaiser wandte seinen Kopf. Beide sahen einen Mann mit einem langen weißen Bart aus einem Waldstück hervortreten und auf sie zulaufen. Er hielt beide Hände gegen eine blutende Wunde an seinem Bauch gepresst. Vor dem Kaiser fiel der Mann ohnmächtig zu Boden und stöhnte. Sie öffneten die Kleider des Mannes, und der Kaiser und der Einsiedler sahen, dass der Mann eine tiefe Bauchwunde hatte. Der Kaiser reinigte die Wunde sorgfältig und verband sie mit seinem eigenen Hemd, das sich sofort mit dem Blut vollsaugte. Er wrang das Hemd aus und verband ihn ein zweites Mal. Damit fuhr er fort, bis die Wunde aufhörte zu bluten.

Schließlich erlangte der Mann sein Bewusstsein wieder und bat um einen Schluck Wasser. Der Kaiser eilte zum Bach und brachte einen Krug mit frischem Wasser. Inzwischen war die Sonne untergegangen, die Nachtluft war kalt. Der Einsiedler half dem Kaiser, den Mann in seine Hütte zu tragen und auf sein Bett zu legen. Der Mann schloss die Augen und lag ganz ruhig da. Der Kaiser war nun sehr müde geworden nach diesem langen Tag, angestrengt vom Aufstieg auf den Berg und vom Graben im Garten. Er lehnte sich gegen den Türpfosten und schlief ein. Als er erwachte, war die Sonne schon über den Bergen aufgegangen. Für einen Augenblick wusste er nicht, wo er war und warum er gekommen war. Er wandte seinen Blick zum Bett und sah, dass auch der Verwundete verwirrt um sich schaute. Als dieser den Kaiser erblickte, schaute er ihn eindringlich an und sagte mit kaum hörbarem Flüstern: »Vergebt mir.«

»Was hast du getan, das ich dir verzeihen sollte?« fragte der Kaiser.

»Ihr kennt mich nicht, Eure Majestät, aber ich kenne Euch. Ich war Euer eingeschworener Feind, und ich hatte gelobt, mich an Euch zu rächen, denn im letzten Krieg habt Ihr meinen Bruder getötet und meinen Besitz an Euch gebracht. Als ich hörte, dass Ihr allein auf den Berg kommen würdet, um den Einsiedler aufzusuchen, beschloss ich, Euch auf dem

Rückweg aufzulauern und Euch zu töten. Nachdem ich jedoch lange gewartet hatte und immer noch nichts von Euch zu sehen war, verließ ich meinen Hinterhalt, um Euch zu suchen. Statt auf Euch traf ich jedoch auf Eure Diener, die mich erkannten und mich verwundeten. Glücklicherweise konnte ich entfliehen und eilte hierher. Hätte ich Euch nicht angetroffen, wäre ich jetzt sicherlich tot. Ich hatte vor, Euch zu töten, und nun habt Ihr mir stattdessen das Leben gerettet! Ich bin beschämt und weiß gar nicht, wie ich meine Dankbarkeit in Worte fassen kann. Wenn ich am Leben bleibe, gelobe ich, Euch für den Rest meines Lebens zu dienen, und ich werde meine Kinder und Kindeskinder anweisen, es ebenso zu tun. Verzeiht mir, ich bitte Euch.«

Der Kaiser war überaus erfreut darüber, wie leicht er sich mit seinem früheren Feind aussöhnen konnte. Er vergab diesem Mann nicht nur, sondern versprach, ihm all seinen Besitz zurückzugeben und seinen Leibarzt und seine Bediensteten zu ihm zu schicken, damit sie ihn bis zur völligen Genesung pflegten.

Nachdem er seinen Dienern aufgetragen hatte, den Mann nach Hause zu bringen, wollte der Kaiser ein letztes Mal mit dem Einsiedler sprechen. Denn bevor er in seinen Palast zurückkehrte, wollte er seine drei Fragen noch einmal wiederholen. Als er beim Einsiedler ankam, war dieser gerade dabei, Samen in die Erde zu säen, die sie beide am Tag zuvor umgegraben hatten.

Der Einsiedler stand auf und schaute den Kaiser an:

»Aber Eure Fragen wurden doch bereits beantwortet.«

»Wie das?«, fragte der Kaiser voller Staunen.

»Hättet Ihr gestern nicht Mitleid mit meinem Alter gehabt und mir geholfen, diese Beete anzulegen, hätte Euch der Mann auf dem Rückweg überfallen. Dann hättet Ihr es tief bereut, nicht bei mir geblieben zu sein. Die wichtigste Zeit war also die Zeit, in der Ihr die Beete ausgehoben habt, die wichtigste Person war ich, und die wichtigste Aufgabe bestand darin, mir zu helfen. Als später der Verwundete hierher gerannt kam, war die wichtigste Zeit die, die Ihr mit dem Verbinden der Wunde zubrachtet, denn wenn Ihr ihn nicht gepflegt hättet, wäre er gestorben, und Ihr hättet die Möglichkeit versäumt, Euch mit ihm auszusöhnen. Wie schon zuvor war die wichtigste Person also er, und die wichtigste Aufgabe bestand darin, seine Wunden zu versorgen. Denkt daran, es gibt nur eine wichtige Zeit, und die ist *jetzt*. Der gegenwärtige Augenblick ist die einzige Zeit, über die wir verfügen. Und die wichtigste Person ist immer der Mensch, mit dem Ihr gerade beisammen seid, der unmittelbar vor Euch steht, denn wer weiß, ob Ihr in Zukunft noch mit irgendeinem Menschen zu tun haben werdet? Und die wichtigste Aufgabe besteht darin, den Menschen an Eurer Seite glücklich zu machen. Das allein ist Sinn und Zweck des Lebens.«

Tolstois Geschichte hört sich an wie eine Geschichte aus buddhistischen Schriften. Sie ist nicht von geringerer Bedeutung als irgendein heiliger Text. Wir sprechen so oft von sozialem Engagement, dem Dienst an der Menschheit, dem Dienst an Menschen, die weit weg sind – damit möchten wir unseren Beitrag zum Frieden in der Welt leisten.

Oft vergessen wir dabei allerdings, dass es gerade die Menschen um uns herum sind, für die wir in erster Linie leben müssen. Wenn Sie nicht Ihrer Frau oder Ihrem Mann, Ihrer Freundin, Ihrem Freund, den Kindern oder Eltern helfen, für sie da sein können – wie wollen Sie sich dann in der Gesellschaft engagieren? Wenn Sie Ihr eigenes Kind nicht glücklich machen können, wie wollen Sie dann irgendeinen anderen Menschen glücklich machen? Wenn Sie, die Sie in Hilfsorganisationen aller Art arbeiten, nicht liebevoll miteinander umgehen und sich nicht gegenseitig helfen, wen können Sie dann überhaupt liebevoll behandeln, wem sinnvoll und wirksam helfen? Engagieren wir uns wirklich aus Überzeugung für andere Menschen oder arbeiten wir lediglich im Namen einer Organisation?

Sich engagieren

Sich für den Frieden engagieren, sich für Menschen in Not engagieren – der Begriff »sich engagieren« ist so umfassend. Fangen wir doch erst einmal im engsten Kreis an: mit unserer Familie, unseren Freundinnen und Freunden, unseren Klassenkameraden, unserer eigenen Gemeinschaft. Für sie müssen wir leben – wenn wir nämlich nicht für sie leben können, für wen wollten wir dann leben?

Tolstoi ist ein Heiliger – wir Buddhisten nennen einen solchen Menschen eine oder einen Bodhisattva. War aber auch der Kaiser selbst in der Lage, Sinn und Richtung seines Lebens zu erkennen? Wie können wir im gegenwärtigen Augenblick leben, hier und jetzt mit den uns umgebenden Menschen, und dazu beitragen, ihr Leiden zu verringern, ihr Leben glücklicher zu gestalten? Was können wir tun? Die Antwort lautet: Wir müssen uns in Achtsamkeit üben. Das Prinzip, das Tolstoi in seiner Geschichte erläutert, scheint einfach. Wollen wir es jedoch umsetzen, müssen wir die Methode der Achtsamkeit in unserem Alltag anwenden, um den richtigen Weg zu finden.

Diese Anleitungen habe ich zum Gebrauch für unsere Freundinnen und Freunde aufgeschrieben. Nun gibt es viele Menschen, die über solche Dinge schreiben, ohne sie jedoch selbst zu leben. Ich habe nur die Dinge niedergeschrieben, die ich selbst erlebt und erfahren habe. Meine Erfahrungen und Erkenntnisse sollen für Sie und für Ihre Freundinnen und Freunde eine kleine Hilfe sein auf dem Weg unserer gemeinsamen Suche: der Suche nach dem Weg nach Hause.

Atmen

Ich atme ein
und sehe mich als Blume.
Ich bin die Frische
eines Tautropfens.
Wenn ich ausatme,
sind meine Augen zu Blumen geworden.
Bitte schau mich an.
Ich schaue mit den Augen der Liebe.
Atme ich ein,
so bin ich ein Berg,
stets voller Ruhe,
unbeweglich,
lebendig,
voller Kraft.
Atme ich aus,
fühle ich mich fest.
Die Wogen der Gefühle können
mich niemals davontragen.
Atme ich ein,
so bin ich stilles Wasser.
Ich reflektiere den Himmel
getreulich.
Schau nur, in meinem Herzen
habe ich einen Vollmond,

den erquickenden Mond des Bodhisattva.
Atme ich aus,
schenke ich den vollkommenen Widerschein
meines Spiegel-Geistes.
Atme ich ein,
so werde ich zu Raum
ohne Grenzen.
Ich habe keine Pläne mehr.
Ich bin ohne Gepäck.
Atme ich aus,
so bin ich der Mond,
der durch den Himmel der vollkommenen
Leere schwebt.
Ich bin Freiheit.

Kapitel 8

Zweiunddreißig grundlegende Achtsamkeits-übungen

Es folgen nun einige Übungen und Meditationsansätze, die ich schon oft angewandt habe. Dabei habe ich einige Methoden abgewandelt, um sie meinen eigenen Umständen und Neigungen anzupassen. Suchen Sie sich also diejenigen heraus, die Ihnen besonders gefallen und die Ihnen und Ihrer Befindlichkeit angemessen erscheinen. Für jeden Menschen hat die jeweilige Methode eine andere Gewichtung und Bedeutsamkeit, je nach den persönlichen Bedürfnissen. Diese Übungen erscheinen zwar unkompliziert und schlicht, bilden aber dennoch eine meditative Grundlage, auf der alles Weitere aufbaut.

Übung: Halblächeln beim Erwachen am Morgen

Sie können sich einen Zweig oder irgendein anderes Zeichen, vielleicht sogar ein Blatt mit dem Wort »Lächeln« an der Decke oder Wand befestigen, damit Sie es sofort sehen, wenn Sie Ihre Augen öffnen. Dieses Zeichen soll Ihnen als Erinnerung dienen. Nutzen Sie die Sekunden vor dem Aufstehen und spüren Sie Ihren Atem. Atmen Sie dreimal sanft ein und aus und behalten Sie Ihr Halblächeln bei. Folgen Sie Ihrem Atem.

Übung: Halblächeln in Momenten der Muße

Wo immer Sie gerade sitzen oder stehen, üben Sie Ihr kleines Halblächeln. Betrachten Sie ein Kind, ein Blatt, ein Gemälde an der Wand, irgendetwas, das sich im Zustand der Ruhe befindet, und lächeln Sie. Atmen Sie dreimal still ein und aus. Behalten Sie Ihr Halblächeln bei und betrachten Sie das Objekt Ihrer Aufmerksamkeit als Ihr wahres Wesen.

Übung: Halblächeln beim Musikhören

Hören Sie sich zwei, drei Minuten lang ein Musikstück an. Richten Sie dabei Ihre Aufmerksamkeit auf die Worte, die Musik, den Rhythmus und Ihre Empfindungen. Lächeln Sie und achten Sie auf das Ein- und Ausatmen.

Übung: Halblächeln bei Gereiztheit

Wenn Sie eine gewisse Gereiztheit verspüren, versuchen Sie Ihr Halblächeln. Atmen Sie ruhig ein und aus und behalten Sie das Halblächeln drei Atemzüge lang bei.

Übung: Loslassen im Liegen

Legen Sie sich auf den Rücken, am besten auf eine flache Unterlage; wenn es geht, ohne ein Kissen als Kopfstütze. Strecken Sie die Arme und Beine locker aus. Behalten Sie Ihr Halblächeln bei. Atmen Sie nun sanft ein und aus und belassen Sie Ihre Aufmerksamkeit beim Atem. Lassen Sie jeden Muskel im Körper los. Stellen Sie sich vor, jeder Muskel würde, wie von der Erdkraft angezogen, zu Boden sinken, oder denken Sie an ein Seidentuch, das weich und zart in der Luft an der Leine trocknet. Lassen Sie alles los und richten Sie Ihre Aufmerksamkeit nur auf den Atem und das Halblächeln. Fühlen Sie sich doch einmal wie eine Katze, die vollkommen entspannt am warmen Feuer liegt und deren Muskeln einer Berührung ohne jede Spannung nachgeben. Fahren Sie damit fünfzehn Atemzüge lang fort.

Übung: Loslassen im Sitzen

Setzen Sie sich, wenn es geht, in den halben oder vollen Lotossitz, oder sitzen Sie mit gekreuzten Beinen; Sie können auch auf einem Stuhl sitzen, beide Fußsohlen auf dem Boden. Üben Sie Ihr Halblächeln. Atmen Sie ein und aus und behalten Sie Ihr Halblächeln bei. Lassen Sie los.

Übung: Tiefes Atmen

Legen Sie sich auf den Rücken. Atmen Sie sanft und gleichmäßig und richten Sie Ihre Aufmerksamkeit auf die Bewegungen des Bauches. Beobachten Sie, wie sich beim Einatmen zunächst Ihre Bauchdecke hebt, so dass Luft in den unteren Teil der Lungen einströmt. Wenn sich der obere Teil der Lungen mit Luft füllt, hebt sich die Brust, und die Bauchdecke beginnt sich zu senken. Strengen Sie sich dabei bitte nicht an. Dies können Sie zehn Atemzüge lang üben. Das Ausatmen wird im Allgemeinen länger dauern als das Einatmen.

Übung: Den Atem mit den Schritten messen

- Gehen Sie langsam und entspannt im Garten umher, spazieren Sie an einem Flussufer oder gehen Sie einen Feldweg entlang. Atmen Sie dabei ganz normal. Bemessen Sie die Länge eines Atemzuges und die Dauer des Ein- und Ausatmens mit der Anzahl Ihrer Schritte. Tun Sie dies einige Minuten lang. Dann beginnen Sie, das Ausatmen um einen Schritt zu verlängern. Zwingen Sie sich bitte nicht zu längerer Einatmung, sondern atmen Sie weiter ganz natürlich ein und aus. Praktizieren Sie auf diese Weise zehn Atemzüge lang.

- Jetzt können Sie das Ausatmen noch um einen weiteren Schritt verlängern. Beobachten Sie, ob sich damit auch das Einatmen um einen Schritt verlängert oder nicht. Verlängern Sie das Ausatmen nur, wenn es einem Gefühl der Freude entspringt. Nach zwanzig Atemzügen kehren Sie wieder zum normalen Atmen zurück. Nach etwa fünf Minuten können Sie abermals mit der Übung der verlängerten Atemzüge beginnen. Wenn Sie aber einen Anflug von Müdigkeit verspüren, kehren Sie bitte zum normalen Atmen zurück. Wenn Sie diese Übung des verlängerten Atems einige Male praktiziert haben, werden Sie feststellen, dass die Phase des Ein- und Ausatmens gleich lang wird. Dehnen Sie aber das lange, gleichmäßige Atmen nicht über zehn oder zwanzig Atemzüge aus, und kehren Sie danach stets zum normalen Atmen zurück.

Übung: Den Atem zählen

Setzen Sie sich in den vollen oder halben Lotossitz oder machen Sie einen schönen Spaziergang. Wenn Sie einatmen, dann seien Sie sich bewusst: »Ich atme ein – eins.« Wenn Sie ausatmen, dann seien Sie sich bewusst: »Ich atme aus – eins.« Denken Sie daran, vom Bauch her zu atmen. Wenn Sie mit dem zweiten Einatmen beginnen, seien Sie sich bewusst: »Ich atme ein – zwei.« Wenn Sie langsam ausatmen, seien Sie sich bewusst: »Ich atme aus – zwei.« Machen Sie so weiter bis zehn. Wenn Sie bei zehn angekommen sind, beginnen Sie wieder mit eins. Immer wenn Sie das Zählen vergessen haben, kehren Sie zu eins zurück.

Übung: Dem Atem folgen

✶ Setzen Sie sich im vollen oder halben Lotossitz nieder oder gehen Sie spazieren. Nun beginnen Sie, sanft und ganz normal (vom Bauch her) zu atmen. Seien Sie sich dessen bewusst: »Ich atme normal ein.« Tun Sie dies drei Atemzüge lang. Folgen Sie jetzt sorgfältig Ihrem Atem und seien Sie sich jeder Bewegung Ihres Bauches und Ihrer Lungen bewusst. Folgen Sie dem Ein- und Ausströmen der Luft. Seien Sie sich dessen bewusst: »Ich atme ein und folge dem Einatmen von Anfang bis Ende. Ich atme aus und folge dem Ausatmen von Anfang bis Ende.«

✶ Tun Sie dies zwanzig Atemzüge lang. Kehren Sie sodann zum normalen Atem zurück. Wiederholen Sie diese Übung nach fünf Minuten. Denken Sie daran, beim Atmen Ihr Halblächeln beizubehalten. Wenn Sie diese Übung beherrschen, gehen Sie weiter zur nächsten.

Übung: Dem Atem folgen beim Hören von Musik

Hören Sie sich ein Musikstück an. Atmen Sie lang, leicht und gleichmäßig. Folgen Sie Ihrem Atem und seien Sie sich der Atembewegung und Ihrer Empfindungen bei der Musik bewusst. Verlieren Sie sich aber nicht in der Musik, sondern bleiben Sie weiterhin mit Ihrer Aufmerksamkeit bei Ihrem Atem und bei sich selbst.

Übung: Dem Atem folgen bei einem Gespräch

Atmen Sie lang, leicht und gleichmäßig. Folgen Sie Ihrem Atem, wenn Sie den Worten eines anderen Menschen oder Ihren eigenen Antworten zuhören. Fahren Sie mit der Übung fort wie bei dem Musikstück.

Übung: Atmen, um Körper und Geist zu beruhigen und Freude zu erfahren

✶ Setzen Sie sich im vollen oder halben Lotossitz nieder. Üben Sie Ihr Halblächeln. Folgen Sie Ihrem Atem. Wenn Körper und Geist ruhig sind, fahren Sie fort, ganz leicht ein- und auszuatmen, und seien Sie sich dessen bewusst: »Ich atme ein und lasse den Atem leicht und friedvoll werden.« Tun Sie dies drei Atemzüge lang und erwecken Sie dann achtsam den Gedanken: »Ich atme ein, und mein ganzer Körper wird leicht, friedvoll und froh.« Tun Sie dies drei Atemzüge lang und lassen Sie dann achtsam den Gedanken entstehen: »Ich atme ein, und Körper und Geist sind ruhig und froh. Ich atme aus, und Körper und Geist sind ruhig und froh.«

✶ Bleiben Sie voller Achtsamkeit bei diesem Gedanken; tun Sie dies bitte entsprechend Ihren momentanen Möglichkeiten und Ihrem Bedürfnis. Es können fünf bis dreißig Minuten sein, vielleicht sogar eine volle Stunde. Zu Beginn und am Ende der Übung sollten Sie sich sanft und entspannt fühlen. Wenn Sie die Übung beenden möchten, können Sie Augen und Gesicht sanft massieren, danach die Beine, bevor Sie wieder aufstehen und eine normale Sitzhaltung einnehmen. Nehmen Sie sich noch einen Moment Zeit, bevor Sie aufstehen.

Übung: Achtsamkeit für die Körperhaltung

Diese Übung können Sie überall und jederzeit durchführen. Fangen Sie damit an, die Aufmerksamkeit auf den Atem zu richten. Atmen Sie ruhig und etwas tiefer als gewöhnlich. Seien Sie sich der Haltung Ihres Körpers bewusst, ob Sie gehen, stehen, liegen oder sitzen. Seien Sie sich auch über den

Zweck Ihrer Körperhaltung im Klaren. Wenn Sie zum Beispiel auf einem grünen Hügel stehen, dann wissen Sie, Sie wollen sich ein wenig erholen, den Atem betrachten oder einfach eine Weile dort stehen. Wenn es keinen bestimmten Zweck gibt, dann seien Sie sich dessen bewusst, dass es ohne Zweck geschieht.

Übung: Achtsamkeit bei der Teezubereitung

Bereiten Sie eine Kanne Tee zu, entweder für einen Gast oder für sich selbst. Machen Sie dabei jede Bewegung langsam, voller Achtsamkeit. Jedes Detail Ihres Bewegungsablaufes sollte Ihnen bewusst sein. Seien Sie sich bewusst, dass Ihre Hände die Kanne am Henkel hochheben. Seien Sie sich bewusst, dass Sie den heißen Tee in die Tasse gießen. Folgen Sie jeder Phase des Ablaufs voller Achtsamkeit. Atmen Sie sanft und etwas tiefer als gewöhnlich. Werden Sie sich wieder Ihres Atems bewusst, wenn Ihre Gedanken abschweifen.

Übung: Der Abwasch

Spülen Sie das Geschirr in entspannter Haltung, so als sei jede Schale ein Gegenstand Ihrer Betrachtung. Behandeln Sie jeden Teller als etwas Heiliges. Folgen Sie Ihrem Atem, damit Ihr

Geist nicht abschweift. Geraten Sie nicht in Eile, um die Arbeit hinter sich zu bringen. Betrachten Sie den Abwasch in diesem Augenblick als das Wichtigste auf der Welt. Abwaschen ist Meditation. Wenn Sie nicht achtsam abwaschen können, gelingt es Ihnen auch nicht zu meditieren, wenn Sie still sitzen.

Übung: Wäsche waschen

Waschen Sie nicht zu viel Wäsche auf einmal, sondern suchen Sie sich drei, vier Teile aus. Nehmen Sie nun die Körperhaltung ein, die am bequemsten für Sie ist, sei es im Sitzen oder im Stehen, damit Ihnen der Rücken nicht wehtut. Waschen Sie ganz entspannt Ihre Wäsche. Richten Sie die Aufmerksamkeit auf jede Bewegung Ihrer Hände und Arme. Gehen Sie bewusst und achtsam mit Seife und Wasser um. Wenn Sie mit Waschen und Spülen fertig sind, sollten Sie das Gefühl haben, Ihr Körper und Ihr Geist seien ebenfalls rein, so wie die Kleidungsstücke. Auch Ihr Halblächeln behalten Sie bei und kehren Sie immer wieder zu Ihrem Atem zurück, wenn der Geist beginnt, abzuschweifen.

Übung: Hausputz

Teilen Sie sich zunächst die Arbeit in verschiedene Abschnitte ein: aufräumen, Bücher einordnen, Toilette und Bad putzen, Fußböden aufwischen und Staub wischen. Nehmen Sie sich genügend Zeit für jede Tätigkeit. Bewegen Sie sich ganz langsam, dreimal langsamer als gewöhnlich. Richten Sie Ihre ganze Aufmerksamkeit auf die jeweilige Tätigkeit. Wenn Sie zum Beispiel ein Buch ins Regal zurückstellen, so schauen Sie sich das Buch an, werden Sie sich bewusst, welches Buch es ist, das Sie da gerade ins Regal an einen bestimmten Platz zurückstellen. Nehmen Sie wahr, dass Ihre Hand nach dem Buch greift und es hochnimmt. Vermeiden Sie jede abrupte und hastige Bewegung. Halten Sie Ihre Achtsamkeit auf den Atem gerichtet, vor allem dann, wenn Ihre Gedanken abschweifen sollten.

Übung: Ein Bad in Zeitlupe

Nehmen Sie sich eine halbe bis dreiviertel Stunde Zeit für ein Bad. Tun Sie alles ohne Eile. Jede Ihrer Bewegungen sollte leicht und langsam sein, angefangen mit dem Einlassen des Badewassers bis zum Anziehen der neuen sauberen Kleidung. Achten Sie auf jede Ihrer Bewegungen. Richten Sie Ihre Aufmerksamkeit auf jeden Teil des Körpers, ohne Unterscheidung und ohne Scheu. Spüren Sie bewusst jeden Wasserstrahl auf

Ihrem Körper. Nach dem Baden sollte sich Ihr Geist so friedvoll und leicht anfühlen wie Ihr Körper. Folgen Sie Ihrem Atem. Stellen Sie sich vor, Sie befänden sich inmitten eines klaren, duftenden Lotosteiches im Sommer.

Übung: Der Kieselstein

Wenn Sie sitzen und langsam atmen, dann stellen Sie sich vor, Sie seien ein Kieselstein, der in einen klaren Fluss fällt. Wenn Sie nach unten sinken, so wird Ihre Bewegung ja von keinerlei Absicht geleitet. Sie sinken an einen Ort der völligen Ruhe auf dem weichen Sand des Flussbettes. Fahren Sie nun fort, über den Kieselstein zu meditieren, bis Ihr Geist und Körper sich in völliger Ruhe befinden: ein Kiesel, der im Sand ruht. Verharren Sie in dieser Ruhe und diesem Frieden für eine halbe Stunde und beobachten Sie dabei Ihren Atem. Kein Gedanke an die Vergangenheit oder die Zukunft kann Sie aus dieser gegenwärtigen Ruhe und Freude reißen. Das Weltall existiert im gegenwärtigen Augenblick. Keine Wunschvorstellung kann Sie von diesem gegenwärtigen Frieden ablenken, nicht einmal der Wunsch, Buddha zu werden, oder der Wunsch, alle Wesen zu retten. Buddha werden und alle Wesen retten – dies wird Ihnen bewusst – kann nur auf der Grundlage des reinen Friedens im gegenwärtigen Augenblick verwirklicht werden.

Übung: Ein Tag der Achtsamkeit

- Suchen Sie sich einen Tag in der Woche aus, jeden beliebigen Tag, der für Sie günstig ist. Denken Sie nicht mehr an die Arbeit, die Sie an den anderen Tagen zu tun haben. Treffen Sie an diesem Tag keine Verabredungen, auch nicht mit Freundinnen oder Freunden. Verrichten Sie nur einfache Tätigkeiten wie sauber machen, kochen, Wäsche waschen und Staub wischen.
- Wenn das Haus sauber und aufgeräumt und alles in Ordnung gebracht ist, nehmen Sie in aller Ruhe und voller Langsamkeit ein Bad. Nach dem Bad bereiten Sie sich einen Tee und nehmen Sie ihn zu sich. Danach können Sie, wenn Sie möchten, Bücher über Meditation lesen oder an einen lieben Menschen schreiben. Anschließend könnte ein schöner Spaziergang folgen, bei dem Sie Ihren Atem betrachten. Bleiben Sie bei all diesen Handlungen, sei es beim Lesen der Texte oder beim Schreiben, stets achtsam und lassen Sie sich nicht aus dieser Haltung ablenken. Wenn Sie einen meditativen Text lesen, dann seien Sie sich dessen bewusst, was Sie gerade lesen; schreiben Sie einen Brief, so seien Sie sich dessen bewusst, was Sie da gerade schreiben. Gehen Sie bei allem genau so vor, wie es bei der Übung zum Hören von Musik oder dem Gespräch mit anderen beschrieben ist. Am Abend können Sie sich

eine leichte Mahlzeit zubereiten, eventuell wollen Sie auch nur ein paar Früchte oder ein Glas Fruchtsaft zu sich nehmen. Vor dem Schlafengehen meditieren Sie noch etwa eine Stunde im Sitzen. Es wäre gut, im Laufe des Tages zwei, drei Spaziergänge von je einer halben bis dreiviertel Stunde zu machen. Bemühen Sie sich dabei, sich Ihres Atems stets bewusst zu sein. Atmen Sie sanft (ohne die Atemzüge zu lang auszudehnen) und folgen Sie dabei mit geschlossenen Augen dem Heben und Senken von Bauch und Brust. Dabei sollte an diesem Tag jede Bewegung wenigstens doppelt so langsam erfolgen wie gewöhnlich.

Übung: Betrachtung über die wechselseitige Abhängigkeit

Suchen Sie ein Kinderbild von sich heraus. Setzen Sie sich in den vollen oder halben Lotossitz. Nun fangen Sie an, dem Atem zu folgen. Nach etwa zwanzig Atemzügen beginnen Sie, die Aufmerksamkeit auf das Foto vor Ihnen zu richten. Versuchen Sie jetzt einmal, die fünf Daseinselemente nachzuvollziehen, die Sie zu jener Zeit prägten, als dieses Foto entstand: Ihre körperlichen Eigenschaften, Ihre damaligen Gefühle, Ihre Wahrnehmungen, die Geistesformationen und Ihr Bewusstsein in jenem Alter.

Fahren Sie dabei fort, Ihrem Atem zu folgen. Lassen Sie sich aber bitte nicht durch Ihre Erinnerungen ablenken oder gar überwältigen. Verbringen Sie etwa fünfzehn Minuten mit dieser Meditation. Bewahren Sie dabei Ihr Halblächeln.

- Richten Sie sodann Ihre Aufmerksamkeit auf Ihr gegenwärtiges Selbst. Seien Sie sich Ihres Körpers, Ihrer Gefühle und Wahrnehmungen, der Geistesformationen und Ihres Bewusstseins im gegenwärtigen Augenblick bewusst. Betrachten Sie die fünf Daseinselemente, die Sie jetzt ausmachen. Fragen Sie sich: »Wer bin ich?« Diese Frage sollte ganz tief in Ihnen Wurzeln schlagen, so wie ein neues Samenkorn, das tief in die weiche Erde gesetzt und gut gewässert wird. Die Frage »Wer bin ich?« sollten Sie sich aber nicht abstrakt stellen, denn es handelt sich keineswegs um einen intellektuellen Diskurs. Die Frage »Wer bin ich?« bezieht sich nicht nur auf Ihren Intellekt, sie berührt vielmehr alle fünf Daseinselemente. Versuchen Sie deshalb bitte nicht, eine intellektuelle Antwort zu finden. Betrachten Sie für fünf Minuten diese Frage und atmen Sie dabei sanft, aber tief, damit Sie sich nicht in philosophische Spekulationen verwickeln.

Übung: Sie selbst

Setzen Sie sich allein in ein abgedunkeltes Zimmer oder begeben Sie sich, wenn das möglich ist, am Abend an einen See oder einen Fluss, der im Dunkeln liegt. Beginnen Sie wieder damit, sich Ihres Atems bewusst zu werden. Lassen Sie den Gedanken in sich entstehen: »Ich werde mit meinem Finger auf mich zeigen.« Statt aber auf Ihren Körper zu zeigen, deuten Sie in die entgegengesetzte Richtung. Nun versuchen Sie, sich einmal außerhalb Ihrer körperlichen Form zu sehen. Stellen Sie sich Ihre körperliche Gestalt vor Ihnen vor – erkennen Sie sie in den Bäumen, im Gras, in den Blättern und im Fluss. Betrachten Sie sie. Seien Sie sich bewusst, dass Sie im Weltall sind und das Weltall in Ihnen ist: Wenn es das Weltall gibt, dann gibt es Sie; gibt es Sie, so gibt es auch das Weltall. Es gibt keine Geburt. Es gibt keinen Tod. Kein Kommen und kein Gehen. Behalten Sie Ihr Halblächeln bei. Seien Sie sich Ihres Atems bewusst. Bleiben Sie für zehn bis zwanzig Minuten bei dieser Betrachtung.

Übung: Ihr Skelett

Legen Sie sich in einer für Sie bequemen Stellung aufs Bett, auf eine Matte oder ins Gras. Benutzen Sie möglichst kein Kissen für den Kopf. Fangen Sie wieder damit an, sich Ihres Atems bewusst zu werden. Nun stellen Sie sich einmal vor, dass alles, was von Ihrem Körper übrig geblieben ist, ein weißes Skelett ist, das in der Erde liegt. Behalten Sie dabei Ihr Halblächeln bei und folgen Sie weiterhin Ihrem Atem. Stellen Sie sich vor, dass das Fleisch Ihres Körpers gänzlich verwest ist und sich aufgelöst hat; nun, achtzig Jahre nach der Beerdigung, liegt nur noch Ihr Skelett in der Erde. Stellen Sie sich einmal ganz deutlich die Knochen von Kopf, Schultern, Rippen, Hüften, Armen, Beinen und Fingern vor. Behalten Sie dabei Ihr Halblächeln bei und atmen Sie ganz leicht, gelassen in Herz und Geist. Erkennen Sie, dass Sie nicht das Skelett sind. Sie sind nicht Ihre körperliche Form. Seien Sie eins mit dem Leben. Leben Sie ewig in den Bäumen und im Gras, in anderen Menschen, in den Vögeln und anderen Tieren, im Himmel und in den Wellen des Meeres. Ihr Skelett ist nur ein Teil von Ihnen. Sie sind überall und in jedem Augenblick gegenwärtig. Sie sind nicht nur eine körperliche Form oder lediglich Gefühle, Gedanken, Handlungen und Wissen. Meditieren Sie auf diese Weise für zwanzig bis dreißig Minuten.

Übung: Ihr wahres Gesicht vor Ihrer Geburt

- Setzen Sie sich in den vollen oder halben Lotos und folgen Sie Ihrem Atem. Konzentrieren Sie sich auf den Punkt A, den Anfang Ihres Lebens, und seien Sie sich bewusst, dass das auch der Punkt ist, an dem Sie zu sterben beginnen. Erkennen Sie, dass sich beides, Leben und Tod, gleichzeitig zeigt: Das eine existiert durch das andere; das andere kann ohne das eine nicht sein. Erkennen Sie, dass Ihr Leben und Ihr Tod voneinander abhängen, einander bedingen: Das eine ist die Grundlage des anderen. Erkennen Sie, dass Sie gleichzeitig Ihr Leben und Ihr Tod sind, dass beides nicht etwa Feinde sind, sondern zwei Aspekte derselben Wirklichkeit.
- Konzentrieren Sie sich sodann auf den Punkt, an dem die beiden Manifestationen enden: den Punkt B, den man fälschlicherweise Tod nennt. Erkennen Sie, dass B aber der Endpunkt ist von beiden Manifestationen, von Leben und Tod. Nun können Sie erkennen, dass es gar keinen Unterschied gibt zwischen der Zeit vor A und nach B. Suchen Sie also nach Ihrem wahren Gesicht in der Zeit vor A und nach B.

Übung: Ein geliebter Mensch ist gestorben

Setzen Sie sich in einer angenehmen Position auf einen Stuhl oder legen Sie sich aufs Bett. Beginnen Sie wieder damit, sich Ihres Atems bewusst zu werden. Nun betrachten Sie in Ihrer Vorstellung den Körper eines geliebten Menschen, der gestorben ist, sei es erst vor kurzem oder schon vor vielen Jahren. Werden Sie sich klar darüber, dass alles Fleisch dieser Person bereits verwest und nur noch ein Skelett erhalten ist, das in der Erde ruht. Nehmen Sie deutlich wahr, dass Ihr eigenes Fleisch noch vorhanden ist und dass in Ihnen die fünf Daseinselemente von körperlicher Form, Gefühl, Wahrnehmung, Geistesformationen und Bewusstsein noch gegenwärtig sind. Denken Sie an die Wechselbeziehung zwischen dieser Person und Ihnen, damals und jetzt. Behalten Sie Ihr Halblächeln bei und seien Sie sich Ihres Atems bewusst. Verweilen Sie fünfzehn Minuten bei dieser Betrachtung.

Übung: Leerheit

- Setzen Sie sich in den vollen oder halben Lotossitz. Beginnen Sie, bewusst zu atmen. Nun betrachten Sie das Wesen der Leerheit in der Ansammlung der fünf Daseinselemente: körperliche Form, Gefühl, Wahrnehmung, Geistesformationen und Bewusstsein. Gehen Sie bei der Betrachtung von einem Daseinselement zum nächsten. Erkennen Sie, wie alle sich verwandeln, alle unbeständig und ohne eigenständiges Selbst sind. Die Ansammlung der fünf Daseinselemente entspricht der aller anderen Phänomene: Alles unterliegt dem Gesetz der wechselseitigen Abhängigkeit. Ihr Zusammenkommen und ihr Vergehen ähnelt dem Entstehen und der Auflösung von Wolken am Gipfel eines Berges. Hängen Sie nicht an den fünf Daseinselementen und lehnen Sie sie auch nicht ab. Machen Sie sich bewusst, dass Mögen und Nicht-Mögen Phänomene sind, die zur Ansammlung der fünf Daseinselemente gehören. Werden Sie sich klar darüber, dass die fünf Daseinselemente leer und ohne eigenständiges Selbst sind; gleichzeitig sind sie aber auch wunderbar, so wundervoll wie jedes Phänomen im Weltall; wunderbar wie das Leben, das überall existiert. Machen Sie sich klar, dass die fünf Daseinselemente in Wirklichkeit weder erschaffen noch zerstört werden, denn sie sind die letztendliche Wirklichkeit.

✦ Diese Betrachtung kann Ihnen helfen zu erkennen, dass Unbeständigkeit lediglich ein Begriff, eine Vorstellung ist, dass auch Nicht-Selbst und Leerheit Vorstellungen sind; so vermeiden Sie die Falle, sich in diesen Konzepten und Begriffen zu verfangen, ihnen aufzusitzen. Sie hängen dann nicht mehr an Ihren Ideen von Unbeständigkeit,

Nicht-Selbst und Leerheit. Vielmehr erkennen Sie, dass auch Leerheit leer ist (von eigener unabhängiger Existenz) und dass sich die letztendliche Wirklichkeit der Leerheit in nichts von der letztendlichen Wirklichkeit der fünf Daseinselemente unterscheidet. Diese Übung sollten Sie aber erst dann durchführen, wenn Sie sich eingehend mit den vorangegangenen fünf Übungen beschäftigt haben. Sie kann, abhängig von der Person, vielleicht ein bis zwei Stunden Zeit in Anspruch nehmen.

Übung: Mitgefühl für die am meisten gehasste oder verachtete Person

Setzen Sie sich ruhig hin. Atmen Sie achtsam und üben Sie Ihr Halblächeln. Nun betrachten Sie das Bild einer Person, die Ihnen größtes Leid zugefügt hat. Betrachten Sie die Seiten an ihr, die Sie am meisten hassen oder verachten, die Sie besonders widerwärtig finden. Versuchen Sie jetzt herauszufinden, was diese Person glücklich macht und was ihr im alltäglichen Leben Leid bringt. Betrachten Sie einmal die möglichen Wahrnehmungen dieser Person; versuchen Sie herauszufinden, welchen gedanklichen Mustern und Argumenten sie folgen mag. Überprüfen Sie, was die Hoffnungen und Handlungen dieses Menschen motiviert. Betrachten Sie schließlich sein Bewusstsein. Ergründen Sie, ob seine Ansichten und Einsichten offen und frei sind oder nicht. Wird er motiviert von Vorurteilen, Engstirnigkeit, von Hass oder Wut? Finden Sie heraus, ob dieser Mensch Kontrolle über sich selbst und seine Regungen hat. Fahren Sie mit diesen Überlegungen fort, bis Ihr Herz von Mitgefühl erfüllt ist wie ein Quell mit frischem Wasser; bis Ihr Ärger und Ihre Abneigung verschwinden. Es empfiehlt sich, diese Übung viele Male mit derselben Person durchzuführen.

Übung: Leiden durch Mangel an Weisheit

- Setzen Sie sich in die volle oder halbe Lotosposition. Beginnen Sie damit, Ihrem Atem zu folgen. Denken Sie jetzt an eine Person, eine Familie oder die Bevölkerung eines Landes, von der Sie wissen, dass sie mehr leiden als andere, von deren Leben Sie genauere Kenntnis haben. Machen Sie deren Leid zum Gegenstand Ihrer Betrachtung.
- Im Falle einer Person versuchen Sie nun, jede Form des Leidens zu erkennen, die dieser Mensch erfährt. Beginnen Sie mit den Leiden der körperlichen Form (Krankheit, Armut, körperliche Schmerzen) und gehen Sie dann über zu den Leiden, die durch Gefühle verursacht werden (innere Konflikte, Angst, Hass, Eifersucht, Gewissensqualen). Betrachten Sie als Nächstes die Leiden, die durch Wahr-

nehmung entstehen (Pessimismus, sich engstirnig an den eigenen Problemen festklammern, ständig alles negativ sehen). Finden Sie heraus, ob die geistigen Funktionen dieses Menschen von Angst, Entmutigung, Verzweiflung oder Hass motiviert sind. Ergründen Sie, ob sein Bewusstsein vernebelt ist aufgrund seiner Lebensumstände, seiner Leiden, wegen der Menschen um ihn herum, durch seine Erziehung, durch ideologische Manipulation oder mangelnde Selbstkontrolle. Meditieren Sie so lange über all diese Formen des Leidens, bis Ihr Herz von Mitgefühl erfüllt ist wie ein Quell mit frischem Wasser; schließlich werden Sie erkennen, dass dieser Mensch an seinen Bedingungen und seiner Unwissenheit leidet. Das kann Sie zu dem Entschluss führen, dieser Person aus ihrer gegenwärtigen Situation herauszuhelfen, und dies auf möglichst stille und unauffällige Weise.

- Im Falle einer Familie folgen Sie derselben Methode. Betrachten Sie zunächst die Leidensformen der einen Person und wenden Sie sich dann der nächsten zu, bis Sie das Leid der gesamten Familie ergründet haben. Erkennen Sie, dass deren Leid Ihr eigenes Leid ist. Auch können Sie sich klarmachen, dass es unmöglich ist, auch nur einer Person in dieser Familie einen Vorwurf zu machen. Stattdessen entsteht die Erkenntnis, dass Sie ihnen helfen müssen, sich aus ihrer gegenwärtigen Situation zu befreien, und dies auf möglichst stille und dezente Weise.

Im Falle der Bevölkerung eines Landes (oder einer bestimmten Menschengruppe) können Sie Ihre Aufmerksamkeit zum Beispiel auf ein Land richten, in dem Krieg herrscht oder das unter einer anderen Ungerechtigkeit oder Unterdrückung zu leiden hat. Versuchen Sie nun zu begreifen, dass jede Person in diesem Konflikt ein Opfer ist. Machen Sie sich klar, dass keine Person, einschließlich der Krieg führenden Parteien oder der sich feindlich gegenüberstehenden Lager, das Leiden wirklich fortsetzen möchte. Das bedeutet aber, dass man gar nicht einem einzigen oder nur wenigen Menschen die Schuld an der Situation anlasten kann. Erkennen Sie, dass eine solche Situation nur möglich ist durch das Festhalten an Ideologien und an einem ungerechten internationalen Wirtschaftssystem? Aufrechterhalten wird es von jeder beteiligten Person aus Unwissenheit und dem Mangel an Entschlossenheit, daran etwas zu ändern. So können Sie erkennen, dass beide Seiten in einem Konflikt nicht wirkliche Gegensätze bilden, sondern zwei Aspekte derselben Wirklichkeit sind. Sehen Sie das, so erkennen Sie auch deutlich, was das Wesentliche ist: das Leben. Gegenseitiges Morden und Unterdrücken löst niemals die Probleme in der Welt. Im Vimalakirti Nirdesha Sutra heißt es:

In Zeiten des Krieges
lass in dir den Geist des Mitgefühls entstehen.
Hilf den Lebewesen,
überwinde den Wunsch zu kämpfen.
Wo immer die Schlacht tobt,
nutze all deine Macht,
die Kräfte beider Seiten gleich zu halten,
und tritt ein in den Streit,
um zu versöhnen.

- Meditieren Sie so lange, bis jeder Vorwurf und aller Hass in Ihnen verschwunden sind und Mitgefühl und Liebe aus Ihnen entspringen wie ein Quell frischen Wassers. Geloben Sie, sich für Einsicht und Versöhnung einzusetzen, und dies auf möglichst stille und unauffällige Weise.

Übung: Handeln ohne Anhaftung

Setzen Sie sich in den vollen oder halben Lotossitz. Folgen Sie Ihrem Atem. Nehmen Sie sich nun ein soziales Projekt, das Ihnen wichtig ist, zum Thema Ihrer Betrachtung. Untersuchen

Sie sorgfältig die Ziele der Arbeit, die angewandten Methoden und schauen Sie auf die daran beteiligten Menschen. Zunächst werfen Sie einen Blick auf das Ziel des Projektes. Es sollte klar sein, dass es darum geht, sich zu engagieren, um Leid zu lindern, und aus Mitgefühl zu handeln – und nicht etwa darum, Lob oder Anerkennung zu erhalten. Betrachten Sie das Projekt nicht als eine karitative Tätigkeit. Denken Sie an die beteiligten Menschen. Sehen Sie sie unter dem Blickwinkel des Engagiertseins beziehungsweise der Hilfsbedürftigkeit? Das wäre der falsche Ansatz, denn dann engagieren Sie sich letztlich nur für sich selbst, allenfalls noch für Ihre anderen Kolleginnen und Kollegen. Es wäre ein Auseinanderdividieren von den Menschen, die etwas tun, und denen, die der Hilfe bedürfen.

In den Prajñaparamita-Texten heißt es:

Obwohl die Bodhisattvas unzählige Wesen
zum anderen Ufer führen,
gibt es kein Wesen, das zum anderen Ufer
geführt wird,
und keines, das andere hinüberführt.

Beschließen Sie folglich, im Geiste des Nicht-Haftens zu handeln.

Übung: Nicht-Haften

- Setzen Sie sich in den vollen oder halben Lotossitz. Erinnern Sie sich jetzt bitte an die bedeutsamsten Ereignisse in Ihrem Leben und überprüfen Sie jedes einzelne. Untersuchen Sie Ihre Begabungen, Ihre Tugenden, Ihre Fähigkeiten und das Zusammenkommen günstiger Bedingungen, die zum jeweiligen Erfolg geführt haben. Überprüfen Sie die Selbstgefälligkeit und den Hochmut, die daraus entstanden sind, dass Sie sich selbst als Hauptgrund für Ihren Erfolg sehen. Betrachten Sie nun die ganze Angelegenheit im Lichte der wechselseitigen Abhängigkeit und erkennen Sie, dass der Erfolg in Wirklichkeit gar nicht Ihnen gehört, sondern vielmehr eine Folge des Zusammentreffens unterschiedlicher Bedingungen ist, die außerhalb Ihrer Reichweite liegen. Erkennen Sie diesen Zusammenhang wirklich, damit Sie nicht mehr so an Ihre Erfolge gebunden sind. Erst wenn Sie diese Fesseln sprengen können, werden Sie wirklich frei von ihnen.
- Rufen Sie sich als nächsten Schritt die bittersten Fehlschläge Ihres Lebens ins Gedächtnis und überprüfen Sie jeden einzelnen. Untersuchen Sie Ihre Begabungen, Tugenden und Fähigkeiten und das Fehlen günstiger Bedingungen, die zu dem jeweiligen Fehlschlag geführt haben. Versuchen Sie, alle Komplexe zu erkennen, die durch das

Gefühl entstanden sind, Sie seien unfähig, erfolgreich zu sein. Betrachten Sie die ganze Angelegenheit im Lichte der wechselseitigen Abhängigkeit und erkennen Sie, dass Fehlschläge nicht durch Unfähigkeit entstehen, sondern eher durch das Fehlen günstiger Bedingungen. So können Sie einsehen, dass Sie diese Misserfolge keineswegs auf sich nehmen müssen und dass diese nicht Ihr Selbst ausmachen. Stellen Sie fest, dass Sie frei sind von ihnen. Erst wenn Sie sie loslassen, werden Sie wirklich frei von ihnen; dann können Misserfolge, kann ein Scheitern Sie nicht länger bedrücken.

Übung: Betrachtungen über das Niemals-Aufgeben

Setzen Sie sich in den vollen oder halben Lotossitz. Folgen Sie Ihrem Atem. Nehmen Sie sich nun eine der Übungen über die wechselseitige Abhängigkeit vor: Wählen Sie dazu sich selbst, Ihr Skelett oder eine Person, die bereits gestorben ist. Erkennen Sie, dass alles unbeständig und ohne dauerhafte Identität ist. Erkennen Sie, dass die Dinge, obgleich sie unbeständig sind und keine dauerhafte Identität besitzen, dennoch voller Wunder sind. Sie selbst sind weder durch das Bedingte noch durch das Unbedingte gebunden. Erkennen Sie, dass der oder die Heilige weder in den Lehren von der wechselseitigen Abhängigkeit gefangen ist noch von den Lehren abweicht. Und obgleich ein heiliger Mensch die Lehren wie kalte Asche hinter sich zu lassen vermag, kann er auch in ihnen ruhen, ohne zu ertrinken. Ein heiliger Mensch gleicht einem Boot auf dem Wasser. Erkennen Sie, dass erwachte Menschen keineswegs Sklaven ihres Dienstes an den Lebewesen sind – und doch hören sie niemals auf, sich für sie zu engagieren.

Kapitel 9

Mit den Augen des Mitgefühls sehen

Im Jahr 1968 begleitete ich Thich Nhat Hanh auf einer Vortragsreise der »Gesellschaft für Versöhnung«, bei der er mit kirchlichen und studentischen Gruppen, mit Senatoren, Professoren, Geschäftsleuten und – welch ein Segen – auch mit einigen Dichtern zusammentraf. Wohin auch immer der braun gekleidete buddhistische Mönch aus Vietnam kam (er sah um vieles jünger aus als der Mittvierziger, der er war), entwaffnete er zumeist durch seine Art die Menschen, mit denen er zusammentraf.

Seine Sanftheit, Intelligenz und sein gesunder Menschenverstand machten bei den meisten Menschen, die ihm begegneten, deren stereotypes Bild über Vietnamesen zunichte. Geschichten, die er erzählte, waren erfüllt vom Reichtum der vietnamesischen buddhistischen Vergangenheit. Das Interesse am Christentum, das er offenbarte, ja, seine Begeisterung dafür, brachte so manchen Christen dazu, sich seine Herablassung gegenüber Thich Nhat Hanhs Tradition einzugestehen. Tausenden von Amerikanerinnen und Amerikanern konnte er helfen, den Krieg einmal mit den Augen der vietnamesischen Bauern zu sehen, die in den Reisfeldern arbeiten und deren

Kinder und Enkel in den Dörfern, umgeben von alten Bambushainen, aufwachsen. Er verstand es, das Kind in so manchem Erwachsenen zu wecken, wenn er die Kunstfertigkeit der Drachenbauer in den Dörfern beschrieb und den Klang der Windspiele, der durch diese zerbrechlichen Gebilde zu den Wolken emporgetragen wird.

Nach einer Stunde mit ihm nahm einen die Schönheit Vietnams vollkommen gefangen, und man verspürte Schmerz über die politischen und kulturellen Qualen des vietnamesischen Volkes, verursacht durch Amerikas Intervention. Plötzlich stand man da ohne seine übliche politische Parteilichkeit, mit der wir gewöhnlich den Kampf der einen oder anderen Partei rechtfertigen, und man spürte förmlich den Schrecken von bombenstarrenden Himmeln und niedergebrannten Häusern, fühlte mit den verwundeten Menschen und den Kindern, die plötzlich verwaist, der liebevollen Präsenz ihrer Eltern und Großeltern beraubt, im Leben standen.

Eines Abends aber geschah es, dass Nhat Hanhs Schilderungen bei einem der anwesenden Amerikaner nicht Verständnis, sondern maßlosen Zorn hervorriefen. Nhat Hanh hatte im Saal einer wohlhabenden christlichen Kirche in einem Vorort von St. Louis gesprochen. Wie immer hatte er den dringenden Appell ausgesprochen, die Amerikaner mögen unter allen Umständen aufhören, das Land zu bombardieren und seine Menschen zu töten. Es schlossen sich Fragen und Antworten an, und schließlich erhob sich ein Hüne von Mann und sprach voller Verachtung von dem »so genannten Mitgefühl dieses Herrn Hanh«.

»Wenn Ihnen Ihr Volk so am Herzen liegt, Herr Hanh, warum sind Sie dann hier? Wenn Sie sich so um die Verwundeten sorgen, warum verbringen Sie dann Ihre Zeit nicht mit ihnen?« An diesem Punkt setzt meine Erinnerung an seine Worte aus, und ich erinnere mich nur noch an die heftige Wut, die mich überkam.

Als er mit seinen Anwürfen fertig war, schaute ich voller Verwirrung auf Nhat Hanh. Was sollte er – oder irgendjemand anders – dazu sagen? Der Geist des Krieges hatte plötzlich den Raum erfüllt, und man rang förmlich nach Luft.

Es herrschte erschüttertes Schweigen. Dann begann Nhat Hanh zu sprechen – sanft, mit einer tiefen Ruhe, sogar mit einem Gefühl von persönlicher Sorge um den Mann, der ihn gerade verurteilt hatte. Die Worte fielen wie Regen auf ein Feuer. »Wenn Sie möchten, dass ein Baum wächst«, sagte er, »dann reicht es nicht, wenn Sie die Blätter gießen. Man muss der Wurzel Wasser geben. Viele Wurzeln des Krieges sind hier in diesem Land. Um den Menschen zu helfen, die weiter bombardiert werden sollen, um sie vor diesem erneuten Leiden zu bewahren, dazu bin ich hergekommen.«

Die Atmosphäre im Raum war wie verwandelt. In der Wut des Mannes hatten wir unsere eigene Wut erlebt. Wir hatten die Welt wie durch einen Bombenhagel wahrgenommen. In Nhat Hanhs Antwort erfuhren wir von einer anderen Möglichkeit – der Möglichkeit, Hass durch Liebe zu überwinden und so die in der menschlichen Gesellschaft scheinbar endlos ablaufende Kettenreaktion von Gewalt zu durchbrechen. Dies wurde hier Christen von einem Buddhisten, wurde Amerikanern von einem »Feind« nahegebracht.

Nach dieser Antwort flüsterte Nhat Hanh dem Versammlungsleiter etwas zu und verließ eilig den Raum. Mit dem Gefühl, dass etwas schiefgelaufen war, folgte ich ihm nach draußen. Es war eine kühle, klare Nacht. Nhat Hanh stand auf dem Bürgersteig neben dem Parkplatz der Kirche. Er rang nach Luft – wie ein Mensch unter Wasser, der es gerade noch schafft, die Oberfläche zu erreichen, um nach Luft zu schnappen. Einige Minuten verstrichen, bevor ich es wagte, ihn nach seinem Befinden zu fragen und nach dem, was da gerade geschehen war.

Nhat Hanh schilderte mir, dass ihn die Bemerkung des Mannes sehr erregt habe. Er sei drauf und dran gewesen, ihm voller Ärger zu antworten. Deshalb habe er tief und sehr langsam durchgeatmet und nach einer Möglichkeit gesucht, auf diesen Affront dennoch mit Ruhe und Verständnis zu antworten. Das Atmen sei jedoch zu langsam und zu tief gewesen, so dass er jetzt hyperventilierte. »Warum solltest du auch keine Wut auf ihn haben?«, fragte ich, »auch Pazifisten haben ein Recht auf Wut.«

»Wenn es nur um mich ginge, ja. Ich spreche hier aber für die vietnamesischen Bauern. Wir müssen uns größte Mühe geben, unserem Anliegen Gehör zu verschaffen.«

Dieser Augenblick war sehr prägend für mein Leben. Ich habe immer wieder darüber nachgedacht. Zum ersten Mal verstand ich, dass es eine Verbindung gibt zwischen der Art und Weise, wie wir atmen und wie wir auf die Welt, auf die Dinge um uns herum reagieren.

Bis vor kurzem hat Nhat Hanh nie versucht, westlichen Menschen etwas über Meditation – er spricht von Achtsamkeit – beizubringen. Erst im letzten Jahr, 1975, begann er damit, Meditation zu lehren – zuerst für einige westliche Freundinnen und Freunde, die in der Vietnamesisch-Buddhistischen Friedensdelegation in Paris mitarbeiteten, später für eine Gruppe im Internationalen Quäkerzentrum dieser Stadt. Jetzt hat er ein kleines Buch geschrieben: Das Wunder der Achtsamkeit, Einführung in die Meditation.

Nhat Hanh ist ein Dichter, ein Zenmeister und einer der Vorsitzenden der »Gesellschaft für Versöhnung«. In Vietnam spielte er eine bedeutende Rolle in der Schaffung eines engagierten Buddhismus – einer tiefgreifenden religiösen Erneuerung, verwurzelt in Mitgefühl und dem Geist des Engagiertseins. Aus dieser Haltung heraus sind zahllose Projekte entstanden, in denen sich die Hilfe für die Kriegsopfer mit gewaltlosem Widerstand gegen den Krieg selbst verband. Wegen dieser Arbeit wurden Tausende von Buddhisten – Nonnen, Mönche, Laien – erschossen oder eingesperrt.

Der Beginn seiner engagierten Arbeit in Vietnam war auch die Geburtsstunde der Schule der Jugend für Soziale Dienste, außerdem der Van-Hanh-Universität, eines kleinen Klosters, das zu einem frühen Stützpunkt der gewaltfreien Bewegung wurde, wie auch einer pazifistischen Untergrunddruckerei, die von seiner Mitarbeiterin Cao Ngoc Phuong (Schwester Chân Không, seine Weggefährtin über Jahrzehnte, die diese Zeit in ihrer bewegenden Autobiographie[3] schildert) geleitet wurde; und es gab den La Boi-Verlag. All diese Aktivitäten waren für die kulturelle und religiöse Erneuerung in Vietnam von unschätzbarer Bedeutung. Seine Gedichte liefern die Texte für viele der populärsten Lieder im modernen Vietnam, Lieder der Hoffnung, die über die Trauer hinaus weiterlebt.

Auch im Exil, als Repräsentant der Vereinigten Buddhistischen Kirche von Vietnam, setzt er sich weiterhin für Gewaltlosigkeit und Versöhnung in seinem Heimatland ein und organisiert Hilfe aus anderen Ländern. So spielte seine Freundschaft mit Martin Luther King jr. eine Rolle bei Dr. Kings Entscheidung, den Rat vieler Kollegen und Mitarbeiter zu ignorieren, die den Kampf der Schwarzen Amerikas nicht mit anderen Themen vermischen wollten, und sich am Widerstand gegen den Vietnamkrieg zu beteiligen. Kurz vor seiner Ermordung schlug Dr. King Nhat Hanh für den Friedensnobelpreis vor.

Bei unseren Gesprächen mit Nhat Hanh und seinen Mitarbeiterinnen und Mitarbeitern im Pariser Büro der Viet-

---

3 *Chân Không: Aus Liebe zu allen Wesen. Mein Weg, meine Visionen, meine Sangha. Berlin, Theseus Verlag, 1995*

namesisch-Buddhistischen Friedensdelegation beschäftigten wir uns mit dem Fehlen einer meditativen Dimension in der amerikanischen Friedensbewegung. Dieser Mangel half uns verstehen, warum ein Großteil der amerikanischen »Friedens«bewegung (die man eher als amerikanische »Rückzugs«bewegung bezeichnen sollte …) ein so geringes und nur sehr oberflächliches Interesse an der buddhistischen Kampagne für Gewaltlosigkeit im Engagement gegen den Krieg hatte. Diese unbewaffneten Buddhistinnen und Buddhisten wurden nicht als wirklich politisch eingeschätzt, sondern galten lediglich als religiöse Bewegung: bewunderungswürdig, ungewöhnlich mutig im Vergleich mit anderen politischen Gruppen, aber letztlich eine Randerscheinung.

Die amerikanischen Friedensaktivisten können aber etwas von ihren vietnamesischen Kolleginnen und Kollegen lernen: Solange es in der Friedensbewegung keine stärkere meditative Dimension gibt, ist unsere Wahrnehmung der Wirklichkeit (und damit unsere Fähigkeit, Verständnis zu wecken und Veränderung zu bewirken) äußerst eingeschränkt. Ganz gleich, welchen religiösen oder anders motivierten Hintergrund für unser Engagement wir haben und welches Vokabular wir benutzen, wir übersehen dabei etwas ganz Wesentliches für unser Leben und unsere Arbeit: den Atem.

Der Atem. Atmen. Für viele ist es eine erstaunliche Neuigkeit, dass etwas so Einfaches wie der Atem eine zentrale Rolle bei Meditation und Gebet einnimmt. Das könnte von einem

Kriminalroman-Autor stammen, der eine Romanfigur Diamanten im Goldfischglas verstecken lässt: zu offensichtlich, um aufzufallen. Seit diese Erkenntnis jedoch die Schranken meiner eigenen Skepsis überwunden hat, erfahre ich eine ständige Bestätigung für die Bedeutsamkeit des Atems – Bestätigung in erster Linie durch eigene Erfahrung.

Das Problem mit der Meditation besteht vielleicht darin, dass sie mit allem Alltäglichen so eng in Verbindung steht. Überall haben wir Gelegenheit, auf den Atem zu achten, wie Nhat Hanh zeigt: in der Badewanne, beim Abwasch, an der Werkbank, auf dem Bürgersteig oder bei irgendwelchen Besorgungen, im Treppenaufgang eines Mietshauses, auf einem Streikposten, an der Schreibmaschine. Natürlich sind Momente und Orte der Ruhe und Stille wunderbar und für uns hilfreich, aber keineswegs unerlässlich. Ein meditatives Leben erfordert durchaus kein zurückgezogenes Dasein in der schonenden Umgebung eines Gewächshauses (das schließt besondere Zeiten der Achtsamkeit nicht aus, und für Christen und Juden ist der Gedanke eines Sabbats ja nicht neu).

Skeptischen Zeitgenossen mögen Nhat Hanhs Vorschläge ziemlich absurd erscheinen. Doch klingen die Vorstellungen und Absichten von Pazifisten für viele nicht weniger absurd: das Leben zu schützen und zu hegen und waffenlos in einer mörderischen Welt zu leben. Der Weg der Meditation trägt diese persönliche Abrüstung, mit der wir bereits begonnen haben, einen bedeutsamen Schritt weiter – so praktizieren wir

Gewaltlosigkeit nicht nur angesichts von Regierungen, Aktiengesellschaften und Befreiungsarmeen, sondern suchen eine gewaltlose Begegnung mit der Wirklichkeit selbst.

Die meditative Praxis lässt uns eine einfache Wahrheit verstehen, die uns Nhat Hanh an anderer Stelle mitgeteilt hat: »Menschen ohne Mitgefühl können nicht sehen, was die Augen des Mitgefühls sehen.« Diese umfassende Sichtweise macht den kleinen, aber grundlegenden Unterschied aus zwischen Verzweiflung und Hoffnung.

James Forest

Kontaktadressen

Spirituelles Zentrum von Thich Nhat Hanh:
Plum Village
New Hamlet
Village des Pruniers
13 Martineau
F-33580 Dieulivol
Tel.: 0033–7–65 19 37 45
www.plumvillage.org

Nähere Informationen für Deutschland:
Gemeinschaft für Achtsames Leben, Bayern e. V.
Treffauerstr. 19
81373 München
Tel.: 08092–85 19 940
www.gal-bayern.de

Seminarangebote für Deutschland

Intersein Zentrum für Leben in Achtsamkeit
Haus Maitreya
Unterkashof 50
94545 Hohenau
Tel.: 08558–92 02 52
www.intersein-zentrum.de

Quelle des Mitgefühls
Meditationshaus in der Tradition von Plum Village
Heidenheimer Str. 27
13467 Berlin
Tel.: 030–40 58 65 40
www.quelle-des-mitgefuehls.de

Thich Nhat Hanh zum Weiterlesen

Achtsam leben – wie geht das denn?, Arkana Verlag
Antworten von Herzen, Arkana Verlag
Aus Angst wird Mut, Arkana Verlag
Das Wunder des bewussten Atmens, Arkana Verlag
Der furchtlose Buddha, Arkana Verlag
Die Welt ins Herz schließen, Arkana Verlag
Frei sein, wo immer du bist, Arkana Verlag
Im Hier und Jetzt zuhause sein, Arkana Verlag
Jeden Augenblick genießen, Arkana Verlag

Der Autor

Thich Nhat Hanh war einer der bekanntesten spirituellen Lehrer unserer Zeit. Der Zen-Meister, Dichter und Friedensaktivist lebte zwischenzeitlich aufgrund seines Engagements für ein Ende des Vietnam-Kriegs in Frankreich im Exil. Das von ihm gegründete Praxiszentrum Plum Village wird jährlich von Menschen aus aller Welt besucht. Die zahlreichen Bücher des Autors bringen den Menschen aller Kulturen die Kunst des achtsamen Lebens näher.